Radtouren am Wasser
Mecklenburgische Seenplatte

AF638669

Kurze Radelpause am Südufer des Schweriner Sees mit Blick auf das märchenhafte Schloss Schwerin (Tour 25)

Linda O'Bryan, Hans Zaglitsch

Radtouren am Wasser

MECKLENBURGISCHE SEENPLATTE

30 Touren im Land der 1000 Seen

BRUCKMANN

Röbel ist eine der schönsten Kleinstädte in der Mecklenburgischen Seenplatte (Touren 2, 3, 7).

Inhalt

Radelparadies Seenplatte 8

Wissenswertes 9

ZWISCHEN WAREN AN DER MÜRITZ UND PLAU AM SEE

Nr.	Tour		Länge	Seite
1	Am Ostufer der Müritz Beeindruckender Nationalpark	●	29 km	14
2	Am Westufer der Müritz Hübsche Orte, schöne Strände	●	31 km	20
3	Am Südufer der Müritz Idyllische Uferregion	●	20 km	24
4	Vier-Seen-Runde Unberührte See- und Moorlandschaften	●	24 km	28
5	An Moorseen Erstklassige Aussichten	●	22 km	32
6	Um den Müritzarm Ländliche Ruhe, versteckte Ecken	●	26 km	36
7	Fünf-Seen-Route bei Röbel Idyllische Seen abseits der Müritz	●	27 km	40

8	Am Kölpinsee und Fleesensee Abwechslung pur	●	26 km	**44**
9	Um den Jabelscher See Quirlige Städte und stille Natur	●	29 km	**50**
10	Am Südufer des Plauer Sees Beliebter Radweg	●	31km	**54**
11	Am Nordufer des Plauer Sees Geschützte Uferzonen	●	27 km	**60**

MECKLENBURGISCHE KLEINSEENPLATTE

12	Um die Seenkette bei Mirow Genussvolle Rundtour	●	41 km	**66**
13	Zum Großen Labussee Streifzug durch die Kleinseenplatte	●	26 km	**70**
14	Mirower Seenroute Auf Entdeckungsreise	●	25 km	**74**
15	Zum Plätlinsee Durch sanft gewellte Landschaft	●	31km	**78**
16	Ins Havelquellgebiet Im wilden Osten des Müritz-Nationalparks	●	44 km	**82**

Wahrzeichen von Plau am See: die blaue Hebebrücke (Tour 10, 11)

Blick von der Sankt-Marien-Kirche auf die Altstadt und den Hafen von Waren an der Müritz (Touren 1, 2, 4, 8, 9)

17 Um die Havelquellseen ● 22 km **88**
Magische Orte entdecken

18 Um den Zotzensee ● 26 km **92**
Durchs Herz des Müritz-Nationalparks

19 Um Tollensesee und Lieps ● 37 km **96**
Abseits der Touristenströme

MECKLENBURGISCHE SCHWEIZ UND NOSSENTINER-SCHWINZER HEIDE

20 Zum Tiefwarensee und Torgelower See ● 30 km **104**
Stille und Natur

21 Um den Drewitzer See ● 27 km **108**
Für die ganze Familie

22 Am Goldberger und Dobbertiner See ● 28 km **112**
Zwei-Seen-Tour

23 Um den Krakower See ● 28 km **116**
Einfach schön

24 Um den Malchiner See ● 28 km **120**
Im Herzen der Mecklenburgischen Schweiz

SCHWERINER UND STERNBERGER SEENLAND

25 Um den Schweriner Innensee ● 33 km **126**
Viel zu sehen, viel zu entdecken

26 Um den Schweriner Außensee ● 39 km **132**
Die ruhige Seite des Sees

27 Vom Schweriner See zum Störkanal ● 39 km **136**
Gemütliche Runde durch die Lewitz

28 An zehn Seen um Sternberg ● 37 km **140**
Kultur und Natur genießen

29 Am Großen Wariner See und Neuklostersee ● 20 km **146**
Radvergnügen und Badespaß

30 Durch das Sternberger Seenland ● 24 km **150**
Entdeckungen im Naturpark

Bruckmanns Tourenfinder **154**

Nachschlag **156**

Register **157**

Impressum **160**

Wunderschön und außen fachgerecht restauriert: das Schloss Basedow am Malchiner See (Tour 24)

Radelparadies Seenplatte

Moin, moin im »Land der 1000 Seen«, einer der schönsten, abwechslungsreichsten und angenehmsten Radregionen Deutschlands mit perfekter Infrastruktur für Pedalritter jeden Alters. Aber auch Wanderer, Wassersportler und Ruhesuchende kommen in dieser landschaftlichen Schönheit voll auf ihre Kosten. Die Natur steht hier zweifelsohne im Vordergrund, jedoch wechselt sich mit jedem Radkilometer die natürliche Landschaft im Uferbereich der Seen, Flussläufe und Kanäle mit blühenden Wiesen, bunten Bienenweiden und ertragreichen Mais- und Kornfeldern ab. Dazwischen liegen verschlafene Dörfer und geschichtsträchtige Kleinstädte, verstecken sich schön restaurierte Schlösser und Gutshöfe, und man trifft auf Relikte aus längst vergangenen Tagen. Halten Sie deshalb die Augen offen, denn egal an welchem Gewässer Sie gerade radeln werden, jeder Radkilometer inmitten der Mecklenburgischen Seenplatte bietet eine interessante und abwechslungsreiche Mischung aus Natur, Kultur und Geschichte.

An manchen Ufern der Müritz wurden Stege für die Radfahrer angelegt, wie hier in einer Verlandungszone bei Waren (Tour 2).

Wie der Buchtitel bereits andeutet, befinden sich alle unsere Radtouren am Wasser. 1000 Seen heißt aber nicht, dass auch ebenso viele Umrundungen mit dem Rad möglich sind. Die meisten Gewässer samt Uferbereich stehen unter Naturschutz, sind sowieso oft viel zu klein für eine ausgedehnte Radtour und/oder können nur von Wanderern oder Mountainbikern umrundet werden. Viele Radwege verlaufen auch nicht direkt am Ufer eines Sees, Flusses oder Verbindungskanals, sondern mehr oder weniger im Uferbereich. So radelt man mal durch Wälder, Verlandungszonen oder Moorgebiete, mal durch offenes Agrarland und urbane Gebiete. Fest steht, dass man inmitten der Mecklenburgischen Seenplatte wochenlang mit dem Rad unterwegs sein kann und trotzdem nie die gleiche Radstrecke fahren muss.

Viel Spaß beim Radeln und Entdecken der Mecklenburgischen Seenplatte!

Linda O'Bryan
Hans Zaglitsch

Das Rad muss in der verkehrsfreien Altstadt von Waren geschoben werden (Tour 20).

Wissenswertes

Wann zur Seenplatte?

Die beste Reisezeit für die Mecklenburgische Seenplatte liegt im Mai, Juni und September. Im Frühling erwacht alles zu neuem Leben, die Temperaturen zum Radfahren sind angenehmer als im heißen Sommer, und wenn die Hauptreisesaison im Juli und August sowie die Feiertage und Wochenenden mit Fenstertagen gemieden werden, hält sich der Andrang auf den Radwegen in Grenzen. Ähnlich sieht es auch bei Campingplätzen und Unterkünften aus, die in fast jedem Ort und für jeden Geschmack und Geldbeutel vorhanden und in der Hauptreisezeit oft ausgebucht sind. Hinzu kommt noch, dass die Betreiber oft eine Mindestbuchung von einer Woche verlangen.

Tourencharakter und öffentliche Verkehrsmittel

Etwa zwei Drittel der Touren sind als Rundtouren angelegt. Dabei verlassen die Routen auch ab und an das Wasser bzw. den Uferbereich für die Rückstrecke, sodass Sie nicht immer den gleichen Radweg zurückradeln müssen. Es lässt sich aber nicht vermeiden, dass auf der Rückfahrt auch öfters Abschnitte auf dem gleichen Radweg verlaufen. Ein Vorteil der Rundroute ist selbstverständlich die An- und Rückreise, egal ob mit öffentlichen Verkehrsmitteln oder mit dem Auto. Das Auto bringt zusätzlich noch den Vorteil, dass Sie an fast jedem Punkt der Tour beginnen können, was wiederum die oft lästige Suche nach Parkplätzen vereinfacht.

Die restlichen Touren sind Etappen, wobei die Rückfahrt mit dem Fahrradbus, dem Fahrgastschiff und/oder mit der Regionalbahn stattfindet. Die Mitnahme des Rads ist in der Regel problemlos. Natürlich können

Sie auch die gleiche Strecke zurückradeln oder für die Rückfahrt eine oft schnellere Variante auf einem Radweg entlang einer Land- oder Bundesstraße nehmen oder verkehrsarme Nebenstraßen benutzen. Das Netz an öffentlichen Verkehrsmitteln ist aber bestens ausgebaut. Im Bereich der bzw. um die Müritz verkehren täglich Fahrradbusse mit Haltestellen in fast allen Orten am Müritzufer. Das Rad wird dabei in einem Busanhänger mittransportiert. Die sogenannten dat-Busse fahren an der Müritz ab Waren entgegen dem Uhrzeigersinn über Klink und Röbel nach Rechlin. Die Busse der Nationalparklinie verkehren ab Waren im Uhrzeigersinn bis Röbel u. a. über Federow, Speck, Boek und Rechlin-Nord, das auch als Hafendorf Müritz auf den Fahrplänen zu finden ist. Aktuelle Informationen, Fahrpläne und Ticketpreise erhalten Sie unter www.mueritz-rundum.de.

Im Rechliner Zentrum bei der Alten Post gibt es die Möglichkeit, mit der Buslinie 025 nach Mirow in der Kleinseenplatte weiterzufahren. Ab dort verkehren die Kleinseenbusse und die Kleinseenbahn. Die Busse fahren Richtung Süden mit Haltestellen u. a. in Peetsch (Zotzensee), Fleeth (Labussee und Vilzsee) und in Schwarz (Schwarzer See), Richtung Norden u. a. über Granzow und Qualzow nach Babke (Havelquellgebiet) und über Leussow wieder retour. Aktuelle Informationen unter www.mvvg-bus.de.

Die Kleinseenbahn verbindet Neustrelitz, Wesenberg und Mirow. Mehr dazu unter www.mecklenburgische-kleinseenplatte.de/aktuelles.

Zudem besteht die Möglichkeit, mit Zügen der Hanseatischen Eisenbahn zwischen Malchow und Waren und dem Regional-Express zwischen Neustrelitz und Kratzeburg zu fahren. Zu beiden Verbindungen gibt es Informationen unter www.hanseatische-eisenbahn.de.

Vielerorts wurden hilfreiche Infotafeln über das Rad- und Wanderwegenetz aufgestellt.

Und last, but not least verkehren auf den großen Seen die Fahrgastschiffe der Weißen und der Blau-Weißen Flotte. Auch dazu gibt es im Internet Informationen auf den Websites www.weisse-flotte-mueritz.de und www.blau-weisse-flotte.de.

Radwege, Karten, GPS und Einkehr

Das Radnetzwerk ist flächendeckend ausgebaut und generell betrachtet sind die Radwege gut unterhalten, asphaltiert oder mit Kies befestigt. Es kommt natürlich schon vor, dass es kleinere Schäden an der Asphaltdecke gibt. In Wäldern und Naturschutzgebieten gibt es verständlicherweise keine geteerten Wege.

Die im Handel erhältlichen Radkarten sind mit einem Maßstab zwischen 1:50 000 und 1:75 000 sehr detailreich und eignen sich gut für unterwegs, empfohlene Karten finden Sie bei jeder Tour. Die Beschreibung der Routen und die Karten in diesem Buch reichen jedoch meist schon aus, um sich gut zu orientieren. Zusätzliche Hilfe bieten unterwegs die Radwegweiser und die neutralen Zwischenwegweiser mit rotem Pfeil auf weißem Untergrund. Außerdem haben die meisten unter Ihnen sowieso ein GPS-Gerät am Lenker montiert. Sie sollten sich aber bitte nicht wundern, wenn Ihr Navi geringfügige Abweichungen von unseren Angaben anzeigt. Dies hat vor allem damit zu tun, dass es unterschiedliche Navigationsgeräte am Markt gibt, die wiederum unterschiedliche Messungen durchführen.

Wegweiser im Nationalpark Müritz

Gasthöfe, Cafés, Imbissbuden, Konditoreien – in den Dörfern und Städten entlang der Radwege gibt es gute Einkehrmöglichkeiten. Vielerorts wurden auch Bänke und Tische aufgestellt, wo man eine Pause einlegen und sein Mitgebrachtes in aller Ruhe verzehren kann.

Welches Rad mitnehmen?

Wir haben die Routen so zusammengestellt, dass sie größtenteils auf asphaltierten Radwegen, Nebenstraßen und befestigten Kieswegen verlaufen. Es lässt sich aber nicht vermeiden, dass hin und wieder auch sandige Wirtschaftswege und weiche Forstwege benutzt werden müssen. Das Mountainbike können Sie getrost zu Hause lassen, ein robustes, mehrgängiges Tourenrad sollte es aber schon sein, nicht unbedingt ein E-Bike. Denn unsere Touren verlaufen fast immer entlang eines Ufers oder im Uferbereich, weshalb die Angabe von Höhenmetern eigentlich nicht relevant ist. Natürlich gibt es auch ab und an Steigungen, das heißt aber nicht, dass Sie unbedingt ein Elektrofahrrad brauchen, um größere Höhenunterschiede zu bewältigen. Die meisten unter Ihnen sind sicher auch keine Einsteiger mehr, bringen die notwendige Erfahrung und ihr vertrautes Rad mit und kennen Kondition und Tagespensum bestens. Und steht kein Rad zur Verfügung, dann gibt es in den meisten Orten Fahrradverleiher, bei denen das passende Rad zu finden ist.

Schwierigkeitsgrad

Die Einstufung als **leicht** ●, **mittel** ● und **schwer** ● dient als einfacher Vergleichsmaßstab zwischen den Radtouren auf Grundlage von Streckenlänge und Steigungen.

05113650
L: 32.50 m / B: 5.10 m / Pers.: 165

Zwischen Waren an der Müritz und Plau am See

Blick aus der Vogelperspektive auf den Nationalpark Müritz (Tour 2) (o. li.). Klosterkirche von Malchow (Tour 8) (o. re.). Einfache, aber zweckmässige Beschilderung des Radwegs (u. re.). Fahrgastschiff am Lenzer Kanal (Tour 10) (u. li.).

1 Am Ostufer der Müritz

Beeindruckender Nationalpark

Leicht	29 km	2:30 Std.

Tourencharakter
Etappe auf asphaltierten Ortsstraßen und ungeteerten Radwegen im Nationalpark

Ausgangspunkt
Parkplatz beim Amtsgericht, Zur Steinmole, Waren

Endpunkt
Jachthafen Rechlin-Nord (Hafendorf Müritz)

GPS-Daten
53.517333, 12.680472

Anfahrt
Auto: Auf der B 192, die direkt am Parkplatz vorbeiführt
Bahn: Mit dem IC/ICE u. a. ab Berlin, Dresden und Rostock; mit dem Regional-Express (RE) u. a. ab Neustrelitz und Rostock
Schiff: Mit der Weißen Flotte ab Rechlin-Nord, Röbel, Malchow und Klink

Karte
ADFC-Regionalkarte 1:75 000, Mecklenburgische Seenplatte

Kombinierbar mit
Tour 3, 4 und 5

Einkehr
Waren: verschiedene Restaurants und Cafés an der Uferpromenade
Federow: Gaststätte Die Bunte Kuh, www.diebuntekuh.com
Schwarzenhof: Imbiss Üdi's Rastplatz
Boek: Restaurant Auszeit, hotel-mueritz-park.de
Rechlin-Nord: Restaurant Captain's Inn, www.hafendorf-mueritz.de

Die Müritz liegt im Herzen Mecklenburg-Vorpommerns und ist Deutschlands größter See. Diese Radroute folgt dem Müritzer Radrundweg im östlichen Uferbereich, der von Wald, Wiesen, Schilf und kleineren Gewässern geprägt wird und größtenteils zum Müritz-Nationalpark gehört. Am Ende der Genusstour bringt Sie der Fahrradbus oder die Weiße Flotte zum Ausgangspunkt zurück.

Waren an der Müritz Alles dreht sich um das rund 21 000 Einwohner zählende Kleinstädtchen Waren. Es ist Zentrum der Region, staatlicher Luftkurort, Heilbad, Eingangstor zum Müritz-Nationalpark und einer der schönsten und angenehmsten

Orte an der Müritz. Planen Sie deshalb ein paar Stunden für eine Stadtbesichtigung ein, am besten mit der lebhaften Uferpromenade an der Binnenmüritz als Ausgangspunkt. Flanieren, sehen und gesehen werden oder mal eine kurze Pause an einem Bänkchen einlegen, ein Häppchen essen oder einen Kaffee mit Kuchen zwischendurch genießen – an der Uferpromenade gibt es für jeden Geschmack und jeden Geldbeutel das Richtige zu essen. Von der Flaniermeile aus ist die nördlich angrenzende Altstadt mit geschichtsträchtigen Fachwerkhäusern, kopfsteingepflasterten Gassen und Plätzen leicht zu Fuß zu erkunden. Neben kleinen Läden und Boutiquen, die zum Einkaufsbummel einladen, hat sie viel

Dominant im Stadtbild von Waren: die Georgenkirche

Touristisches Zentrum von Waren: der Jachthafen (links unten) mit der Uferpromenade (rechts unten)

Rathaus von Waren

Neuer Markt von Waren

Historischer Innenhof in Waren

Interessantes und Sehenswertes zu bieten. Am Westrand der Altstadt erhebt sich die aus dem 14. Jahrhundert stammende Sankt-Georgen-Kirche mit ihrem wuchtigen, viereckigen Turm. Nahe der Kirche befindet sich der Alte Markt mit dem historischen Rathaus, einem zweigeschossigen Backsteinbau. Mittelpunkt der Altstadt ist der Neue Markt mit dem Neuen Rathaus. Hier finden Sie auch die Touristeninformation. Den Ostrand der Altstadt markiert die Sankt-Marien-Kirche, von deren Turm aus sich ein beeindruckender Panoramablick über die Stadt und die Müritz bietet, vorausgesetzt man hat die 176 Stufen bezwungen.

Das Highlight der Stadt und ein Muss bei jedem Stadtbesuch ist das Müritzeum. Hier werden auf rund 2300 Quadratmetern die Natur und Umwelt der Region beleuchtet. Auf einer Etage wurde eine beeindruckende Aquariumslandschaft mit rund 50 Fischarten in 26 Becken geschaffen. Im Außenbereich befindet sich der gepflegte, zwei Hektar große Museumsgarten, der sich um den Herrensee ausbreitet. Schon die Außenfassade des Müritzeums aus bewusst leicht verbranntem Lärchenholz ist ein Hingucker. Nach einer Bauzeit von nur zwei Jahren wurde das Müritzeum im August 2007 eröffnet. Es ist seither der Besuchermagnet von Waren und eine Erlebniswelt für Groß und Klein.

Müritz-Nationalpark Startpunkt dieser Radroute ist der große Parkplatz beim Warener Amtsgericht. Von hier aus radeln Sie geradeaus auf die Binnenmüritz zu, wo Sie nach links den Wegweisern Richtung Nationalpark auf dem Radstreifen folgen. Bereits nach wenigen Minuten lassen Sie die Stadt

Am Eingang zum Nationalpark Müritz

hinter sich und erreichen den Eingang zum Müritz-Nationalpark, der 1990 gegründet wurde und zu den größten Naturschutzgebieten in Deutschland zählt. Die geschützte Wald- und Seenlandschaft ist zweifelsohne die Visitenkarte von Mecklenburg-Vorpommern und das ganze Jahr hindurch gut besucht. Der 318 Quadratkilometer große Park umfasst zwei Gebiete: Der größere Teil erstreckt sich zwischen den Städten Waren und Neustrelitz, der kleinere Teil breitet sich östlich von Neustrelitz aus.

Fast das gesamte Ostufer der Müritz liegt im Nationalpark, dessen Wälder, Seen und Moore Sie auf der ersten Etappe durch den Park begleiten. Beim Haupteingang, aber auch unterwegs treffen Sie immer wieder auf Informationstafeln und Rastplätze. Sie folgen dem Radweg geradeaus und gelangen so auf eine Fahrradstraße. Diese macht die ersten Kilometer durch den Nationalpark

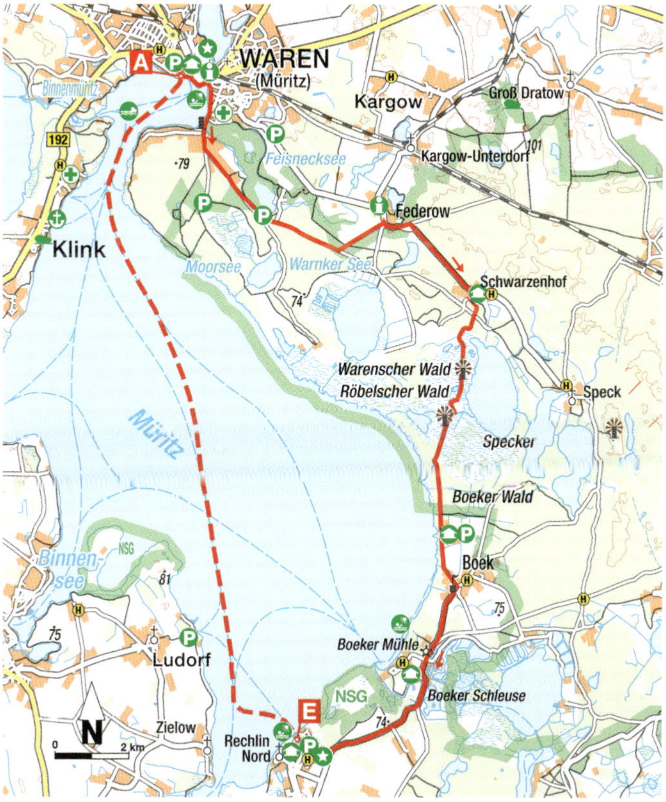

Radweg durch den Nationalpark Müritz

bereits besonders attraktiv. An der linken Seite erstreckt sich der Feisnecksee, einer der zahlreichen stillen Seen des Nationalparks. Die Radtour trifft auf eine Gabelung im Wald, wo Sie links dem Müritz-Radrundweg Richtung Federow folgen. Das Nationalparkdorf Federow ist nur einen Steinwurf vom Radweg entfernt und hat ein sehenswertes altes Gutshaus mit Restaurant und Café. Der Müritz-Radrundweg schlängelt sich danach weiter durch den Wald Richtung Boek.

Jachthafen in Rechlin-Nord, auch bekannt als Müritz Hafendorf

Weiter nach Boek Nächstes Ziel ist das ehemalige Gutshaus Schwarzenhof, idyllisch im Wald gelegen. Viele Radfahrer nutzen die Möglichkeit, um hier eine Pause einzulegen. Die folgende Etappe führt vom Gutshaus nach rechts quer durch einen von Moorlandschaften geprägten Sektor des Nationalparks. Fast schnurgerade verläuft der Radweg zwischen den Moorseen. Aussichtstürme am Wegrand laden ein, das Fahrrad auch mal abzustellen und die Landschaft von oben zu genießen. Auch kommen Sie an schmalen Kanälen mit bezaubernden Seerosen vorbei. Die Tour verlässt den Wald und erreicht wenige Minuten später Boek, ein weiteres Tor zum Nationalpark. Das alte Gutshaus Boek beherbergt heute eine einladende Gaststätte und ein Nationalpark-Informationsbüro. Der Radweg verlässt bei Boek den Nationalpark. Weiter geht es auf dem separaten Radweg entlang der Landstraße zur Boeker Mühle, einem Feriendorf mit kompletter Infrastruktur und der Bolter Schleuse. Sie wurde im Zuge des Baus des Bolterkanals in den 1930er-Jahren angelegt. Der Kanal verband Berlin mit der Müritz. Mitte der 1950er-Jahre wurde der Schiffsverkehr auf dem Kanal eingestellt und die Schleuse zugeschüttet. Heute ist nahe der Schleuse die Einstiegsstelle für Kanu- und Kajakfahrer und die historische Bolter Mühle, ein auffallendes Backsteingebäude. Diese ehemalige Wassermühle wurde bereits 1665 vom Johanniterorden in Mirow gegründet und ist eines der ältesten Gebäude der Region. Nach Umbau- und Renovierungsarbeiten beherbergt die Mühle heute ein Hotel mit Restaurant.

Etwa fünf Kilometer sind es jetzt noch nach Rechlin Nord, wo sich der neue Rechliner Jachthafen (Hafendorf Müritz) und die Anlegestelle des Fahrgastschiffs der Weißen Flotte befinden. Am Hafen endet diese Tour. Sie können mit dem Schiff oder dem Nationalparkbus nach Waren zurückfahren, aber auch die Radtour bereits in Boek beenden und von dort aus mit dem Bus zum Ausgangspunkt zurückkehren. Achten Sie auf die Abfahrtszeiten von Schiff und Bus!

Die Rückfahrt clever planen

Wenn Sie eine Kurkarte und/oder ein Nationalparkticket besitzen, dann können Sie den Nationalparkbus (Haltestelle Hafendorf Müritz) für die Rückfahrt gratis benutzen. Für das Fahrgastschiff der Weißen Flotte müssen Sie ein Ticket kaufen.

Radbus an einer Haltestelle im Zentrum von Rechlin

2

Am Westufer der Müritz

Hübsche Orte, schöne Strände

Mittel | 31 km | 3:00 Std.

Tourencharakter
Etappe auf asphaltierten Ortsstraßen, geteerten und ungeteerten Radwegen sowie Forststraßen im Uferbereich

Ausgangspunkt
Parkplatz beim Amtsgericht, Zur Steinmole, Waren

Endpunkt
Stadthafen Röbel, Schiffsanlegestelle der Weißen Flotte

GPS-Daten
53.517333, 12.680472

Anfahrt
Auto: Auf der B 192, die direkt am Parkplatz vorbeiführt
Bahn: Mit dem IC u. a. ab Berlin, Dresden und Rostock; mit dem Regional-Express (RE) u. a. ab Neustrelitz und Rostock
Schiff: Mit den regulären Schiffen der Weißen Flotte ab Rechlin-Nord, Röbel, Malchow und Klink

Karte
ADFC-Regionalkarte 1:75 000, Mecklenburgische Seenplatte

Kombinierbar mit
Tour 3 (Anschlussroute), 7 und 8

Einkehr
Klink: Restaurant Strandläufer, www.strandläufer-müritz.de; Restaurant Fischerhus, www.schlosshotel-klink.de/restaurant/restaurant-fischerhus
Sietow: Fischerhütte Sietow, am Hafen
Röbel: Café/Restaurant Hafenkante, am Stadthafen; Restaurant Müritzterrasse, www.mueritzterrasse.de

Diese Route verbindet die zwei hübschesten und bedeutendsten Touristenorte an der Müritz: Waren und Röbel. Die Route folgt dabei dem Müritz-Radrundweg am Westufer des Sees. Retour geht es mit dem Fahrgastschiff der Weißen Flotte oder dem dat-Bus. Eine richtige Genusstour für Jung und Alt.

Waren an der Müritz Sie starten am Parkplatz beim Amtsgericht in Waren und radeln zum Müritzeum, wo Sie nach rechts auf den Müritz-Radrundweg einbiegen. Kurz danach haben Sie einen schönen Blick auf die Müritz und den Park am Ufer. Die Aussicht ist bezaubernd und die Fahrradstraße ein wahrer Genuss. Sie führt an gepflegten alten Villen vorbei, die an längst

vergangene Tage erinnern, als auch Theodor Fontane nach Waren kam und dadurch das Interesse am Luftkurort und Heilbad enorm anstieg.

Nach dem Villenviertel passieren Sie das Volksbad an der Müritz. Sie folgen hier den Radschildern nach Röbel, wobei der Radweg eine Linkskurve macht und eine Verlandungszone durchquert. Der Radweg verläuft nun durch dieses moorähnliche Gebiet über einen schmalen, niedrigen Holzsteg, an dem die Radler aufgefordert werden, abzusteigen und das Rad einige Meter zu schieben. Der Spaziergang mit dem Rad an der Hand ist eine gute Gelegenheit, um die bezaubernde Natur ringsum in Ruhe zu beobachten. Etwa in der Mitte des Holzstegs gibt es auch noch ein Bänkchen für einen kurzen Stopp. Nach der Verlandungszone geht es auf einem breiten Forstweg durch den Warener Stadtwald.

Brücke über den Reeckkanal bei Eldenburg

Linke Seite: Fahrradstraße im Villenviertel von Waren

Nächstes Ziel: Klink Auf dem nächsten Streckenabschnitt Richtung Klink verläuft der Radweg am riesigen Campingplatz Kamerun vorbei und auf einem kurzen, aber sehr schmalen Radstreifen an der Bundesstraße entlang. Anschließend schlängelt er sich in leichtem Auf und Ab auf naturbelassenen Wegen wieder durch den Wald. Wer mehr Asphalt unter den Rädern möchte, der kann einer alternativen Route folgen. Sie führt am Camping nach rechts zur Bundesstraße, der Sie links auf dem separaten Radweg folgen. Sie überqueren dabei den Reeckkanal bei Eldenburg und biegen danach an der Ampel links Richtung Klinik und Müritz-Hotel ab. Am Ufer

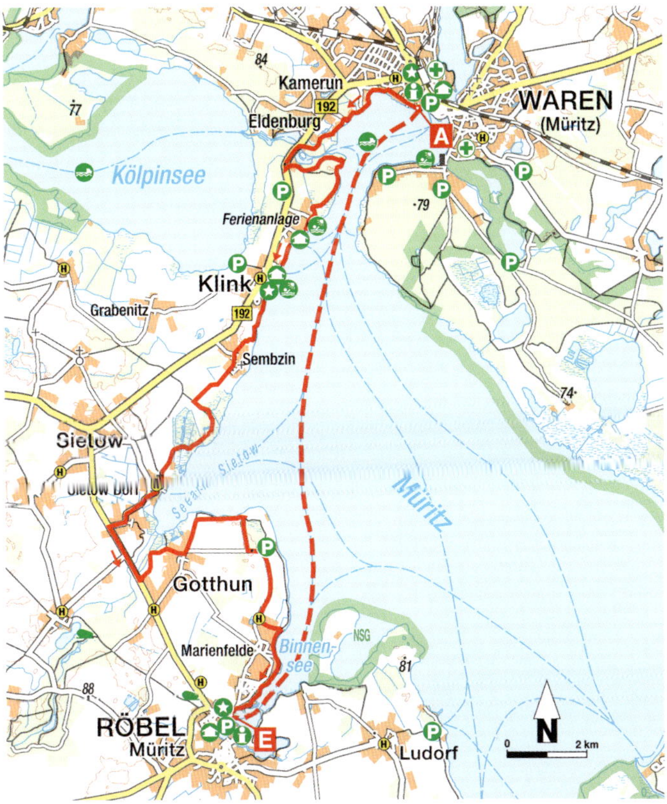

Einkehrmöglichkeit im Hafen von Klink

kommen beide Routen wieder zusammen und Sie folgen wieder dem Müritz-Radrundweg. Von etwa 1960 bis 1990 war hier an der Müritz eine Urlaubersiedlung des gewerkschaftlichen Feriendiensts. Ein Teil wurde abgerissen, ein Teil hat neue Investoren gefunden. Die Strecke nun ist ein Genuss. Der Radweg führt direkt an der Müritz entlang und ist gesäumt von herrlichen Sandstränden, kleinen Wiesen und einladenden Restaurants. Auch die Schiffe der Weißen Flotte legen in dieser malerischen Bucht an. Klink ist zwar klein, aber fein und strahlt mit seinem märchenhaften Schloss am Ufer eine bestimmte Eleganz aus. Das Schloss von 1897 beherbergt heute ein Hotel mit Restaurant und schöner Aussichtsterrasse.

Schloss Klink ist heute ein gehobenes Hotel.

Sietow – Dorf und Hafen Nach dem Schloss geht es wieder durch Wald am Ufer Richtung Röbel weiter. Der Radweg steigt leicht an und bietet herrliche Weitblicke auf die Seenlandschaft, bevor Sie Sembzin erreichen. Das unscheinbare Dorf begrüßt seine Besucher mit Ferienhäusern, Ateliers und Gastronomie. Bald danach kommt Sietow in Sicht, ein charmanter Ort mit sehenswerter Kirche. Empfehlenswert ist ein Abstecher zum Jachthafen. Hier können Sie ein Brötchen mit geräuchertem Fisch in aller Ruhe genießen, während Sie den Blick über die idyllische Sietower Bucht schweifen lassen. Ein netter Badestrand befindet sich in unmittelbarer Nähe. Die Müritz zeigt hier ihre ruhige Seite.

Verlängern der Tour

Wenn noch Zeit und vor allem Kraft vorhanden sind, kann man die Tour 3 um das Südufer nach Rechlin-Nord dranhängen und von dort mit dem Schiff oder dem Nationalparkbus retour fahren. Die Tour verlängert sich dann um 20 Kilometer. Achten Sie auf die Abfahrtszeiten von Schiff und Bus!

Röbel an der Müritz Von Sietow geht es durch Zierzow zur Bundesstraße, der Sie auf einem separaten Radweg nach links folgen. Danach schlängelt sich der Weg links durch Gotthun, den nächsten verträumten Ort, aber mit keinen nennenswerten Sehenswürdigkeiten. Zwischen Feldern und Wiesen, an Campingplätzen und Feriensiedlungen vorbei und immer im Uferbereich radelnd, kommen Sie schließlich nach Röbel hinein und gelangen direkt zum lebhaften Hafen mit unterschiedlicher Gastronomie und typischen Souvenirläden. Bevor Sie das Boot nach Waren oder den dat-Bus retour nehmen, sollten Sie sich noch Zeit nehmen, um die Altstadt zu erkunden (siehe Tour 3).

Ortsdurchfahrt von Sietow-Dorf

Fachwerk entlang der Straße der Deutschen Einheit in Röbel

3

Am Südufer der Müritz

Idyllische Uferregion

Leicht | 20 km | 2:00 Std.

Tourencharakter
Etappe auf asphaltierten Radwegen und Nebenstraßen, ungeteerten Wirtschaftswegen und Kieswegen im Uferbereich

Ausgangspunkt
Parkplatz am Stadthafen von Röbel

Endpunkt
Jachthafen, Rechlin-Nord, Hafendorf Müritz

GPS-Daten
53.384139, 12.608278

Anfahrt
Auto: Über die B 198, dann auf der L 241 oder B 192 und danach auf der L 24
Bus: Nationalparklinie und dat-Bus
Schiff: Mit den regulären Schiffen der Weißen Flotte ab Rechlin-Nord, Waren, Malchow und Klink

Karte
ADFC-Regionalkarte 1:75 000, Mecklenburgische Seenplatte

Kombinierbar mit
Tour 1, 2, 5, 6 und 7

Einkehr
Röbel: Café/Restaurant Hafenkante, am Stadthafen; Restaurant Müritzterrasse, www.mueritzterrasse.de
Vipperow: Gasthof Zur Müritzquelle, gasthof-zur-muritz quelle.business.site
Rechlin-Nord: Restaurant Captain's Inn, www.hafendorf-mueritz.de/ausgehen/captains-inn

Diese familienfreundliche Tour führt im Uferbereich der Großen und der Kleinen Müritz von Röbel nach Rechlin. Die Route bietet neben schönen See- und Uferlandschaften auch zahlreiche interessante Sehenswürdigkeiten: den historischen Stadtkern von Röbel, die achteckige Dorfkirche von Ludorf und das Luftfahrttechnische Museum Rechlin am Ende der Tour.

Röbel an der Müritz Im Röbeler Stadthafen an der Uferpromenade pulsiert das Leben. Sie treten ab hier in die Pedale und folgen dem Müritz-Radrundweg Richtung Stadtzentrum. Die Route führt auf der Straße der Deutschen Einheit quer durch den historischen Stadtkern. Die Altstadt ist übersichtlich und geprägt von liebevoll restaurierten Fachwerkhäusern, dem Rathaus und zwei altehrwürdigen, gotischen Hallenkirchen, deren

Röbeler Marktplatz mit Rathaus und Nicolaikirche

Türme das Stadtbild dominieren. Wer Lust und Zeit hat, der kann den Kirchturm der Marienkirche besteigen und von oben die grandiose Aussicht auf die Altstadt, den Hafen und die Müritz genießen. Einen herrlichen Blick auf die Stadt haben Sie auch von der Holländermühle im Zentrum auf dem Mühlenberg. Unterwegs durch das Zentrum auf der Straße der Deutschen Einheit kommen Sie automatisch am Haus Nummer 47 vorbei. Das Fachwerkhaus ziert der sogenannte Schinko-Giebel, ein großes Wandbild des Malers und Grafikers Werner Schinko. Der 1929 im tschechischen Wurzelsdorf geborene Künstler war einer der bedeutendsten Illustratoren der DDR und erhielt 2010 die Ehrenbürgerschaft der Stadt Röbel, in der er 2016 verstarb.

Der Radweg verlässt den Stadtkern kurz nach dem Abzweig zur Holländermühle und biegt links in die Straße Achter de Muer ein, wo noch Teile der Stadtbefestigung sichtbar sind. Immer den Radschildern folgend gelangen Sie schließlich zu den Bootshäusern am Müritzufer, wo sich ein letzter schöner Blick auf Röbel bietet.

Holländermühle am Mühlenberg in Röbel

Von der Großen zur Kleinen Müritz Der nächste Streckenabschnitt verläuft nun am Seeufer durch stilles Naturschutzgebiet. Die Route schlängelt sich durch Ludorf

Sehenswert: die Ludorfer Dorfkirche

und an der evangelischen Dorfkirche vorbei. Der frühgotische Backsteinbau ist mit seiner achteckigen Form, einem Oktogon, ein richtiger Blickfang und steht wegen seiner Bauweise auch unter Denkmalschutz. Erstmals wurde das Gotteshaus Mitte des 14. Jahrhunderts erwähnt. Es gibt allerdings eine Legende, in der die Kirche von einem zurückgekehrten Kreuzritter bereits 150 Jahre früher errichtet und dabei der Grabkirche

Unten links: Gute Einkehrmöglichkeit im Zentrum von Vipperow

Unten rechts: Unterwegs allgegenwärtig: typisches Hausboot

von Jerusalem nachempfunden wurde. Von Ludorf gelangen Sie zu einem ruhigen Wasserwanderplatz an der Müritz. Sie folgen jetzt dem Uferweg nach Zielow, wo Sie einige Hotels, Ferienwohnungen und Restaurants im ländlichen Stil antreffen. Sie verlassen nach Zielow die Große Müritz und radeln dann gemütlich in Ufernähe der Kleinen Müritz weiter nach Vipperow, einem ruhigen Ort mit Einkehrmöglichkeit im Zentrum.

Letzter Rest der Rechliner Mauer mit Infotafel

Auf nach Rechlin In Vipperow leiten die Radschilder zur stark befahrenen Bundesstraße 198, wo Sie dem separaten Radweg nach links folgen und den Müritzarm, später den Mirow-Kanal überqueren. Die schöne Aussicht von beiden Brücken entschädigt ein wenig vom Straßenlärm. An der Ampel folgen Sie nach links dem Müritz-Radrundweg durch Vietzen. Sie halten sich kurze Zeit später an der Radtafel nach links. Der Radweg verläuft nun abseits der Durchfahrtsstraße durch Rechlin. Sie radeln vorbei am Jachthafen mit Restaurant und einem netten Strand nebenan, der zum Sprung ins kühle Nass einlädt. Sehenswert im letzten Streckenabschnitt zum Hafen ist das originale Teilstück der Rechliner Mauer, ein Relikt aus jener Zeit, als Rechlin von 1950 bis 1993 in einen sowjetischen und einen deutschen Sektor geteilt war. Eine Tafel bei der Mauer informiert über diese besondere Ortsgeschichte. Der ehemalige sowjetische Sektor stimmt heute etwa überein mit Rechlin-Nord, wo sich auf dem ehemaligen Militärgelände das interessante Luftfahrttechnische Museum befindet. Das seit 1998 geöffnete Museum gibt einen sehr guten Einblick über die Entwicklung von Rechlin als zentrale Erprobungsstelle der Luftwaffe, von der Zeit im Nationalsozialismus über das Zeitalter der Düsenjets bis hin zur Ära der sowjetischen Bomber und Jagdflugzeuge.
Am Hafen in Rechlin-Nord (Hafendorf Müritz) endet schließlich die Tour. Sie gelangen von hier mit dem Fahrgastschiff der Weißen Flotte oder dem Nationalparkbus zurück nach Röbel.

Rückfahrt planen

Mit Kurkarte oder Nationalparkticket können Sie den Nationalparkbus (Haltestelle Hafendorf Müritz) für die Rückfahrt nach Waren gratis benutzen. Das Fahrgastschiff der Weißen Flotte kostet extra. Sie können aber auch mit Tour 1 in entgegengesetzter Richtung zurückradeln (29 km).

4

Vier-Seen-Runde

Unberührte See- und Moorlandschaften

Leicht | 24 km | 2:00 Std.

Tourencharakter
Rundtour auf Forstwegen und asphaltierten Nebenstraßen, kleiner Abschnitt auf sandigem Wirtschaftsweg

Ausgangs-/Endpunkt
Parkplatz beim Amtsgericht, Zur Steinmole, Waren

GPS-Daten
53.517333, 12.680472

Anfahrt
Auto: Auf der B 192, die direkt am Parkplatz vorbeiführt
Bahn: Mit dem IC u. a. ab Berlin, Dresden und Rostock; mit dem Regional-Express (RE) u. a. ab Neustrelitz und Rostock
Schiff: Mit den regulären Schiffen der Weißen Flotte ab Rechlin-Nord, Röbel, Malchow und Klink

Karte
ADFC-Regionalkarte 1:75 000, Mecklenburgische Seenplatte

Kombinierbar mit
Tour 1, 2 und 5

Einkehr
Waren: verschiedene Restaurants und Cafés an der Uferpromenade
Nationalpark: Müritzhof, www.müritzhof.de/landschaftspflegehof
Federow: Gaststätte Die Bunte Kuh, www.diebuntekuh.com

Am Ostufer der Großen Müritz gibt es zahlreiche Seen und Moore, die mit der Müritz verbunden waren oder es noch immer sind. Durch einen Teil dieser fast unberührten Landschaft am westlichen Rand des Müritz-Nationalparks führt diese familienfreundliche Rundtour. Radfahrer und Naturliebhaber kommen hier bestimmt auf ihre Kosten.

Von Waren in den Nationalpark Mit dem Warener Amtsgericht im Rücken radeln Sie vom Parkplatz geradeaus Richtung Binnenmüritz, dem ersten See dieser Tour. Auf dem kurzen Weg dorthin kommen Sie am Rande der Altstadt am Müritzeum vorbei. Ein Besuch dieses modernen und interaktiv gestalteten Zentrums für Naturerlebnis empfiehlt sich zum Abschluss der Radrunde (siehe Tour 1). Zunächst geht es zur Binnenmüritz weiter, gerade mal einen Steinwurf vom Müritzeum entfernt. Entlang des Ufers wurde eine gepflegte Promenade angelegt,

Informationstafeln im Nationalpark Müritz

das lebhafte Herzstück im Zentrum der Kleinstadt. Ein separater Radstreifen trennt Fußgänger und Pedalritter. Sie folgen einfach den Radschildern Richtung Müritz-Nationalpark, radeln um den Stadthafen herum und gelangen so auf die Straße Am Seeufer und später in die Specker Straße. Hier treffen Sie auf den Eingang zum Nationalpark mit Informationstafeln und auf eine Fahrradstraße, die durch den ersten Abschnitt des Nationalparks verläuft. Sie radeln auf ihr im Uferbereich des zweiten Sees dieser Route: dem Feisnecksee. Sein Wasser schimmert durch die Nadelbäume und ein kurzer, ausgeschilderter Abstecher führt links durchs Dickicht zu einer hölzernen Aussichtsterrasse mit freiem Blick auf den ruhigen See.

Im Nationalpark Müritz wird durch den Menschen kaum eingegriffen.

Weiter zum Müritzhof

Nach dem Abstecher zum Feisnecksee taucht der Radweg tiefer in den Wald ein. An der Gabelung folgen Sie dem Wegweiser nach rechts Richtung Müritzhof. Der breite Forstweg fällt nun leicht ab und endet direkt am Hof. Unterwegs gelangen Sie zu einem zweiten Aussichtspunkt, der ein paar Meter rechts von Ihnen am Warnker See liegt. Auch hier wurde eine Aussichtsplattform errichtet, von der aus man in aller Ruhe und mit einem Dach über dem Kopf unterschiedliche Wasservögel aus der Ferne beobachten kann. Ein Fernglas sollte deshalb mitgebracht werden. Kurz nach dem Warnker See erreichen Sie schließlich den Müritzhof, einen der wenigen Gutshöfe, die hier im 18. Jahrhundert entstanden und bis heute erhalten geblieben sind. Gegenwärtig wird der Hof als Lehrstätte für Weidewirtschaft und Naturschutz genutzt. Eine Handvoll Mitarbeiter leben ständig am Hof und bearbeiten rund 230 Hektar Weideland mithilfe von Rindern, Schafen und Pferden – alle ältere Haustierrassen, wie schottische Shetlandponys und schwedische Gotlandschafe. Für Besucher gibt es eine Gaststätte samt Garten mit warmen und kalten regionalen Gerichten sowie Kaffee und hausgemachten Kuchen. Für Interessierte werden auch Führungen in der Umgebung des Hofs angeboten. Eine frei zugängliche Aussichtsplattform beim Gastgarten ermöglicht freie Sicht auf das Weideland und die Müritz.

Kehrtwende auf dieser Route: der Müritzhof

Wegweiser mit Piktogrammen und Kilometerangabe im Nationalpark

Vom Müritzhof nehmen Sie zunächst den gleichen Radweg zurück. Nach wenigen Radminuten erreichen Sie eine Kreuzung mit einigen Rad- und Wanderwegweisern. Sie biegen hier rechts in den Waldweg ein und folgen so der Radroute, die mit einem blauen »M« ausgeschildert ist. Die Route verläuft größtenteils entlang von Wiesen. Am Ende des sandigen Wegs geht es nach links an Heidelandschaft vorbei zum nächsten Ziel, dem kleinen Federow.

Zurück nach Waren über Federow Kurz vor Federow kreuzen Sie den Müritz-Radrundweg. Sie ignorieren den Radweg, auf dem man ebenfalls nach Waren retour fahren kann, und radeln geradeaus nach Federow hinein. An der Kreuzung im Ort geht es rechts zum Gutshaus Federow aus dem 19. Jahrhundert, das heute ein Hotel und Restaurant beherbergt. Hinter dem Gutshaus breitet sich der kleine Hofsee aus. Die Route geht nach links auf der Damerower Straße weiter, vorbei am Nationalpark-Informati-

onszentrum, einem Kinderspielplatz und dem rustikalen Restaurant Bunte Kuh, das zu einer Rast einlädt. Die letzten Kilometer verlaufen auf einer Nebenstraße durch leicht gewellte Landschaft mit herrlichem Blick auf den Feisnecksee, dem Sie bereits am Anfang der Tour begegnet sind. Dem Logo mit dem blauen »M« folgend geht es links am Ufer des Sees zurück nach Waren, wo Sie sich Zeit für die Sehenswürdigkeiten nehmen sollten.

Wunderschöne Aussicht von der Plattform am Warnker See

Auch am Freisnecksee wurde eine Aussichtsplattform angelegt.

Fernglas nicht vergessen

Unterwegs gibt es einige gute Aussichtspunkte und -plattformen, von denen aus sich die Vogelwelt, der Uferbereich und die wald- und wasserreiche Landschaft gut beobachten lassen. Ein Fernglas sollte deshalb im Gepäck nicht fehlen.

5

An Moorseen

Erstklassige Aussichten

Leicht | 22 km | 2:00 Std.

Tourencharakter
Rundtour auf Forststraßen und gut befestigten Kieswegen

Ausgangs-/Endpunkt
Parkplatz Boeker Straße beim Verkehrskreis, Boek

GPS-Daten
53.392806, 12.791472

Anfahrt
Auto: Auf der B 198, Ausfahrt Rechlin und dann weiter auf der Landstraße
Bus: Ab Waren mit den Bussen der Nationalparklinie
Schiff: Ab Waren mit dem Schiff der Weißen Flotte nach Rechlin-Nord. Von dort sind es ca. 7 km nach Boek.

Karte
ADFC-Regionalkarte 1:75 000, Mecklenburgische Seenplatte

Kombinierbar mit
Tour 1, 3 und 4

Einkehr
Speck: Imbiss Fuchsbau
Schwarzenhof: Imbiss Üdl's Rastplatz
Boek: Restaurant Auszeit, hotel-mueritz-park.de/geniessen

Diese Radrunde führt Sie ab dem Gutsdorf Boek durch die große, aber stille Moorlandschaft des Müritz-Nationalparks. Die schöne Tour verbindet erholsame Fahrradstrecken durch urige Wälder und entlang von verwunschenen Moorseen mit einem kurzen Spaziergang hoch zum Aussichtsturm auf den Käflingsberg.

Start in Boek Am Ostufer der Müritz liegt Boek, der südliche Zugang zum Müritz-Nationalpark. Das ehemalige Gutsdorf darf sich heute Nationalparkdorf nennen und begrüßt seine Besucher mit guten Unterkünften, Gastronomie und einer Nationalpark-Informationsstelle.
Sie radeln vom Parkplatz oder von der Bushaltestelle beim Verkehrskreis zunächst quer durch das beschauliche Dorf in Richtung Hotel Müritz-Park und Restaurant Auszeit, das mit seiner beliebten Terrasse lockt. Schon bald nach der Dorfkirche ist eine Gabelung erreicht. Hier halten Sie sich rechts

Einer der vielen Moorseen im Nationalpark

und folgen dem blauen »M«, dem Wegzeichen des Müritz-Nationalparkwegs.

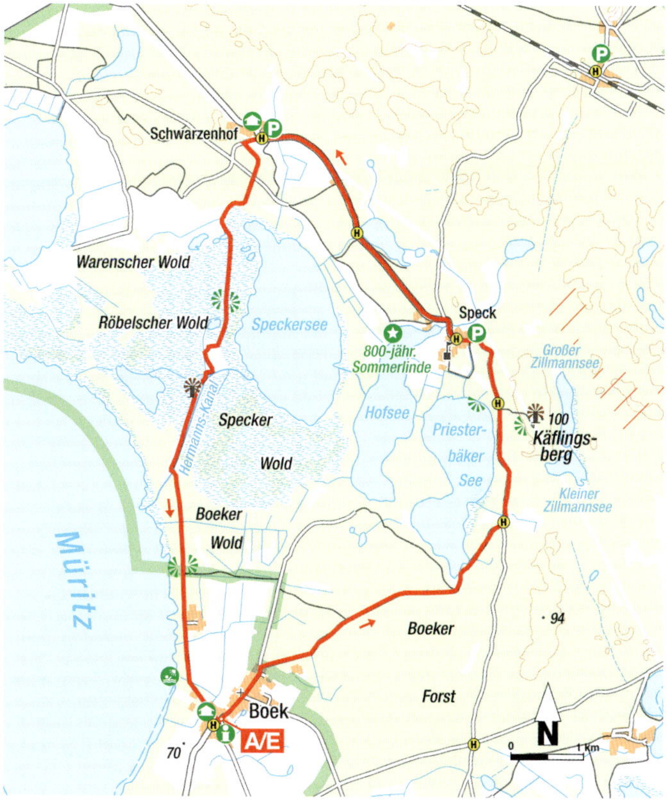

Auf zum Käflingsberg Die Route führt Sie nun durch den Boeker Forst und mit leichtem Anstieg zum Priesterbäker See. Eine Raststelle am Ufer lädt ein, vom Rad abzusteigen und die Landschaft zu genießen. Vor allem im Sommer bezaubert der Priesterbäker See, wenn seine Wasseroberfläche von blühenden Seerosen bedeckt ist. Dem Waldweg weiter folgend stoßen Sie auf eine Straße, die den Bussen der Nationalparklinie vorbehalten ist. Sie schwenken hier nach links auf den Radweg parallel zur Straße, folgen dann dem Wegweiser zum Käflingsberg, überqueren die Straße und stellen das Rad ab. Jetzt geht es zu Fuß weiter. Ziel ist der Käflingsbergturm auf der Spitze des 100 Meter hohen Bergs, übrigens die höchste Erhebung in der Region. Der multifunktionale Turm ist eine Kombination von Aussichts-, Feuerwach- und Mobilfunksendeturm und misst nochmals 55 Meter. Das 360-Grad-Panorama auf den Müritz-Nationalpark mit seinen charakteristischen Moorseen ist grandios und unvergesslich. Der Blick schweift über den Großen und Kleinen Zillmannsee im Osten, über den Priesterbäker See im Westen und weiter zum Hofsee mit Speck, dem nächsten Ziel der Tour.

Gute Möglichkeit, auch mal über die Baumwipfel hinwegzugucken.

Durch Speck Nach dem kurzen Ausflug geht es an der Straße

Den Gaumen verwöhnen

Besuchen Sie das Landhaus Speck, direkt an der Radroute gelegen. Hier werden mit Liebe und Fachwissen u. a. aus Holunder und Pflaumen leckere Marmeladen hergestellt und aus Kirschen, Waldfrüchten und Eiern entstehen süße Liköre.

wieder weiter. Sie passieren eine Abzweigung zur Aussichtsplattform am Priesterbäker See, verlassen schließlich den Wald und durchqueren Speck. Das verschlafene Gutsdorf mit einigen alten reetgedeckten Häusern liegt nahe des Hofsees. Mitten im Dorf steht Schloss Speck, das allerdings auf bessere Zeiten wartet. Beachtenswert sind die kleine Backsteinkirche und die gegenüberstehende, 800 Jahre alte Linde. Die Tour verläuft weiter auf dem Radweg nach Schwarzenhof, dem nächsten Ziel. Nur der Name erinnert heute noch an das ehemalige Gutshaus Schwarzenhof, das durch einen Brand völlig zerstört wurde. An seiner Stelle im Wald steht jetzt ein Hotel-Restaurant, das bei Wanderern und Radfahrern zum Einkehren beliebt ist.

Von Schwarzenhof zurück nach Boek Nach dem Zwischenstopp in Schwarzenhof folgen Sie nach links dem Wegweiser Boek. Die Radstrecke führt nun fast schnurgerade durch die Moorlandschaft. Ein hölzerner Aussichtsturm an der Route ermöglicht einen Blick auf den Specker See. Das Naturgebiet ist hier im ständigen Wandel, ein Streit zwischen Moor und Wald. Überall ragen abgestorbene Baumstämme aus dem Moor empor, dafür gewinnt die Moorflora immer mehr Terrain.

Nur von einem Aussichtsturm hat man freien Blick auf den Specker See.

Sie erreichen den stillgelegten Hermannskanal, der heute je nach Saison von Seerosen und anderen Wasserpflanzen geprägt wird. Nach der Holzbrücke über den Kanal stoßen Sie auf einen weiteren Aussichtsturm, auf den eine Holzstiege hinaufführt. Von oben haben Sie freie Sicht auf das Moor und die dahinterliegende Müritz. Bald danach verlassen Sie das sumpfige Gebiet und radeln im Uferbereich der Müritz zurück nach Boek. Wer noch Lust und Zeit hat, der kann unterwegs noch einen Abstecher zur Badestelle beim Campingplatz machen.

Kaum noch wahrnehmbar: der Hermannskanal

Ortsdurchfahrt von Boek

6

Um den Müritzarm

Ländliche Ruhe, versteckte Ecken

Mittel | 26 km | 2:30 Std.

Tourencharakter
Rundtour auf asphaltierten Radwegen und Nebenstraßen, ca. 5 km unasphaltierter Abschnitt zwischen Krümmel und Buchholz

Ausgangs-/Endpunkt
Parkplatz Fritz-Reuter-Straße 21, Rechlin

GPS-Daten
53.332639, 12.718611

Anfahrt
Auto: Auf der B 198, Ausfahrt Rechlin
Bus: Nationalparklinie und dat-Bus
Schiff: Mit den regulären Schiffen der Weißen Flotte ab Waren, Röbel und Klink

Karte
ADFC-Regionalkarte 1:75000, Mecklenburgische Seenplatte

Kombinierbar mit
Tour 1, 3 und 4

Einkehr
Rechlin: Hafengaststätte Möwennest, www.hafengaststaette-moewennest.de
Buchholz: Gaststätte Seerose, marina-buchholz.de
Vipperow: Gasthof Zur Müritzquelle, gasthof-zur-mueritzquelle.business.site

Rechlin ist ein beschaulicher Badeort am Ostufer der Kleinen Müritz. Von hier macht der Müritz-Radrundweg eine Schleife um den Müritzarm und den Müritzsee bei Buchholz, eine sehr ländliche, ruhige Region. Nur wenige Radler sind hier unterwegs. Sie begegnen deshalb kaum anderen Pedalrittern, tauchen dafür aber in eine andere Welt ein.

An der Kleinen Müritz Beginn der Tour ist Rechlin, wo Sie auf den Müritz-Radrundweg einsteigen. Auf ihm durchqueren Sie den Ort Richtung Süden entlang der Kleinen Müritz mit hübschen Badestellen, bunten Bootshäusern und Jachthafen. Sie gelangen so nach Vietzen und an die Bundesstraße, wo die Route nach rechts auf dem separaten Radweg weitergeht. Sie überqueren kurz danach auf der Bundesstraße den Mirower Kanal und haben dabei freien Blick auf den Südzipfel der Kleinen Müritz, den Kanal und den Sumpfsee. Nach der Brücke biegen Sie nach

Kurze Radelpause an einer Badestelle nahe Rechlin

Oben links: Ehemaliges Verwaltungsgebäude der Maschinen- und Traktorenstation in Krümmel

Oben rechts: Die schlichte Krümmeler Dorfkirche

links auf die Nebenstraße Richtung Gaarzer Mühle ab. Eine genussvolle Radstrecke führt Sie nun entlang des Müritzarms, vorbei an einem Campingplatz und einem Wasserwanderplatz nach Neu Gaarz, einem von Landwirtschaft geprägten Dorf. Nächstes Ziel ist das Straßendorf Lärz. Sie durchqueren auf einer ehemaligen Bahntrasse den Ort am Rande und verlassen diese nach rechts auf den Radweg Richtung Krümmel. Nach einer herrlichen Strecke mit weiten Aussichten auf stille Landschaften mit Blumenwiesen, Feldern und Bienenweiden erreichen Sie Krümmel, wo der Müritz-Radrundweg rechts durch das Dorf direkt auf die Kirche zuführt. Eine Informationstafel vor einem ehemaligen DDR-Verwaltungsgebäude am Ortsanfang vermittelt Wissenswertes über die besondere Geschichte des Dorfs als MTS-Station. MTS ist die Abkürzung für Maschinen- und Traktoren-

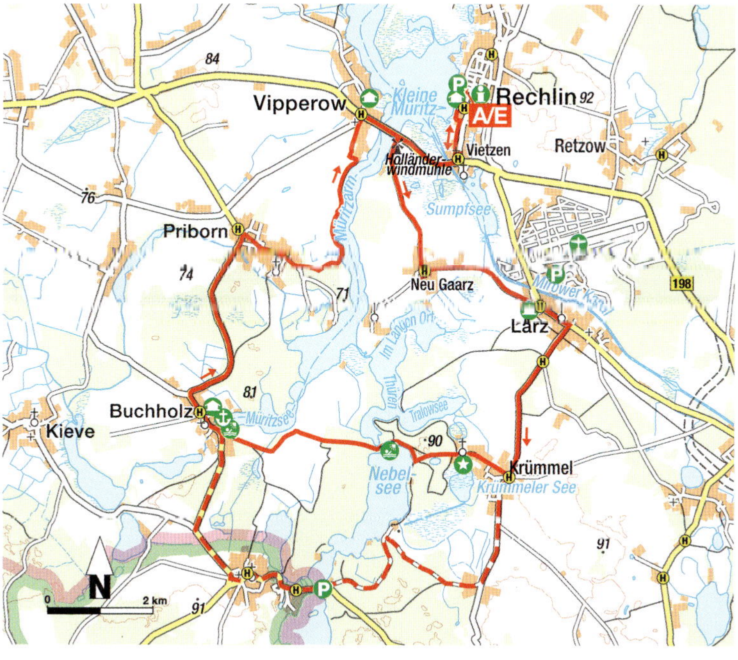

Verbindungskanal zwischen Nebel- und Thürensee

Holzbrücke über den Nebelsee-Thürensee-Kanal

Badestelle am Nebelsee

station, die in sozialistischen Ländern Einrichtungen waren, in denen die Bauern der Region landwirtschaftliche Maschinen und Traktoren zur Nutzung auf den Feldern ausleihen konnten. Die Idee für MTS-Stationen in der DDR kam von der damaligen Sowjetunion, die bereits ab den 1920er-Jahren solche Einrichtungen hatte.

Am Nebelsee Hinter der Dorfkirche von Krümmel taucht die Route geradeaus in den Wald hinein und führt durch ein schönes Naturschutzgebiet zum Nebelsee hinunter. Unterwegs schimmert auf der linken Seite das Wasser des kreisförmigen Krümmeler Sees zwischen den Bäumen hindurch. Am Ufer des Nebelsees treffen Sie auf eine nette kleine Badestelle und ein Rastbänkchen mit Blick auf die idyllische Wasser- und Uferlandschaft.

Der Nebelsee ist tief, relativ schmal und lang gezogen, ein typischer Rinnensee, der vom Schmelzwasser der Eiszeitperiode ausgespült wurde. Auch der nächste See gehört zu dieser Kategorie: der Thüren. Er ist durch einen schmalen Kanal mit dem Nebelsee verbunden, den Sie auf einer Holzbrücke überqueren. Danach trennen noch einige Kilometer durch Wald und ausgedehnte Kornfelder die Route vom nächsten Ziel: dem hübschen Buchholz.

Badestelle für Anrainer am Müritzarm

Entlang des Müritzarms retour Buchholz liegt am Westufer des Müritzsees und war einst eine beliebte Sommerfrische bei den Hauptstädtern. Heute ist Buchholz ein eher verschlafener Ort mit einer sehenswerten Kirche aus dem Mittelalter und einem schmucken Jachthafen mit einfachen Möglichkeiten zum Einkehren.

Von Buchholz geht die Route auf einer ruhigen Nebenstraße weiter nach Priborn. Sie können aber auch alternativ den Radwegweisern nach rechts folgen, die auf einen Waldweg Richtung Priborn führen. Am Ortsrand von Priborn treffen beide Routen wieder aufeinander. Hier folgen Sie rechts und dann links dem Feldweg nach Vipperow. Die Radroute verläuft nun mehr oder weniger parallel am Müritzarm und bietet hin und wieder freie Sicht auf das glänzende Wasser. Bei Vipperow stoßen Sie wieder auf die Bundesstraße, der Sie auf einem separaten Radweg nach rechts folgen. Sie überqueren den Müritzarm, danach den Mirower Kanal und biegen in Vietzen links Richtung Rechlin ab. Die letzten Kilometer verlaufen auf dem bereits bekannten Radweg zurück nach Rechlin, wo Sie die Tour im Restaurant am Jachthafen ausklingen lassen können – wenn das Wetter mitspielt, sogar mit einem erfrischenden Bad in der Kleinen Müritz.

Tourvariante

Wer den asphaltierten, sehr holprigen Radweg von Krümmel nach Buchholz nicht nehmen möchte, der kann auf guten Nebenstraßen den Nebelsee über Sewekow nach Buchholz umrunden. Die Route verlängert sich dabei um lediglich 3 Kilometer.

Typischer Bauernhof der Region in Buchholz

7 Fünf-Seen-Route bei Röbel

Idyllische Seen abseits der Müritz

Schwer | 27 km | 3:00 Std.

Tourencharakter
Rundtour auf asphaltierten Nebenstraßen, ungeteerter Radweg auf der Groß-Keller-Trift

Ausgangs-/Endpunkt
Parkplatz am Stadthafen, Röbel

GPS-Daten
53.384139, 12.608278

Anfahrt
Auto: Über die B 198, dann auf der L 241 oder B 192 und danach auf der L 24
Bus: Nationalparklinie und dat-Bus
Schiff: Mit den regulären Schiffen der Weißen Flotte ab Rechlin-Nord, Waren, Malchow und Klink

Karte
ADFC-Regionalkarte 1:75 000, Mecklenburgische Seenplatte

Kombinierbar mit
Tour 2 und 3

Einkehr
Röbel: Café/Restaurant Hafenkante, am Stadthafen; Restaurant Müritzterrasse, www.mueritzterrasse.de
Woldzegarten: Gutshof Woldzegarten, www.gutshof-woldzegarten.de

Diese Radrunde fordert die Radfahrer etwas heraus. Sie führt unweit des Westufers der Müritz im Auf und Ab über sanfte Hügel, durch fruchtbares Ackerland und stille Dörfer, entlang von Weihern und betagten Bäumen, hin zu versteckten, idyllischen Badeseen – eine reizvolle, weniger bekannte Radtour abseits der Touristenorte.

Die Groß-Keller-Trift Ausgangsort ist die »Bunte Stadt am kleinen Meer«, wie Röbel an der Müritz wegen seiner farbenprächtigen Fachwerkhäuser auch genannt wird. Das 750 Jahre alte Städtchen hat viel Charme und eine sehenswerte Altstadt, die Sie nicht auslassen sollten (siehe Tour 3). Vom Parkplatz an der Uferpromenade beim Stadthafen radeln Sie Richtung Kreisverkehr, wo Sie sich nach rechts halten und die Stadt auch schon wieder verlassen. Bei der Ampelkreuzung folgen Sie dem Radwegweiser Plau am See, wobei Sie die Landstraße nach links

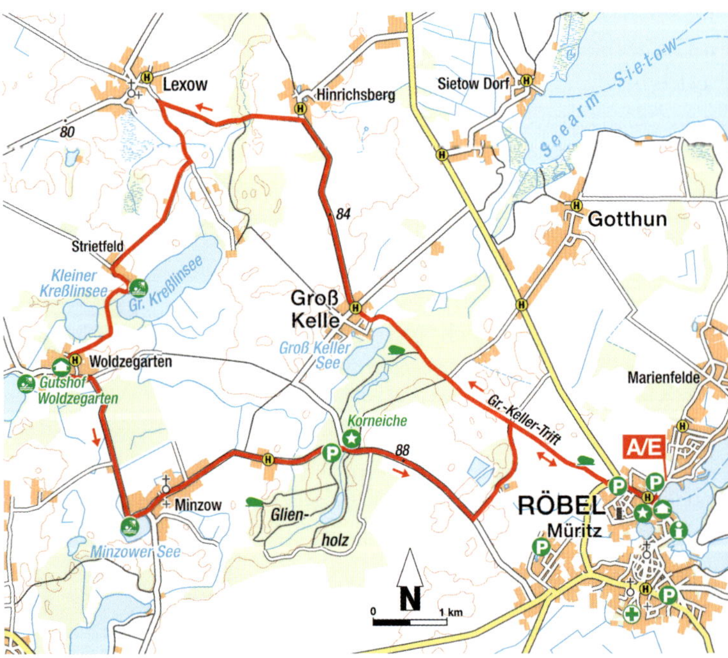

überqueren. Keine 100 Meter später biegen Sie rechts auf die Groß-Keller-Trift ein, einen ehemaligen Viehtriebweg, der heute Wanderern und Radlern vorbehalten ist. Immer diesem historischen Weg folgend fahren Sie an einem Reithof und am Großkeller See vorbei, wo Sie auf eine Kreuzung treffen. Das unscheinbare Dorf Groß Kelle lassen Sie einfach links liegen. Die Radtour geht geradeaus weiter.

Durch sanftes Hügelland Von Groß Kelle radeln Sie Richtung Hinrichsberg auf der von Bäumen gesäumten und leicht ansteigenden Nebenstraße. Kurz vor Hinrichsberg halten Sie sich links, die Nebentrasse verläuft im Auf und Ab nach Lexow. Goldfarbene Kornfelder begleiten die Strecke. In einem Waldstück unterwegs versteckt sich zwischen den Bäumen und unweit des Radwegs ein fast 5000 Jahre altes Großsteingrab. Sehenswert ist auch die kleine denkmalgeschützte Dorfkirche von Lexow. Die Route geht kurz vor Lexow links weiter durch geschwungene Felder nach Walow-Strietfeld.

Ganz oben: Entspannen an der Uferpromenade in Röbel

Oben: Zum Radeln wurde ein Radstreifen an der gepflasterten Hauptstraße in Lexow angelegt.

Historischer Fachwerkbauernhof in Woldzegarten

An Seen und Badestellen Sie lassen das Rad zum kleinen Ort Strietfeld hinunterrollen, das von einigen typischen Bauernhöfen und Ferienwohnungen geprägt wird. Strietfeld liegt am Ufer des Großen Kreßinsees. Nur wenige Radler finden den Weg zu diesem zauberhaft gelegenen See mit seinem kleinen, versteckten Badestrand. Nach Strietfeld gelangen Sie durch ein Waldstück und zwischen dem Großen und dem Kleinen Kreßinsee hindurch nach Woldzegarten, das bis Mitte des 20. Jahrhunderts als Gutshof in Privatbesitz war. Heute ist es ein Ortsteil der Gemeinde Leizen. An der T-Kreuzung im Ort können Sie einen kurzen Abstecher nach rechts zum Gutshof Woldzegarten machen. Herzstücke der liebevoll restaurierten Wirtschafts- und Wohngebäude sind die Kulturscheune und ein 200 Jahre altes Fachwerkhaus, in dem sich heute ein ansprechendes Landhotel mit Restaurant befindet. Nach einer eventuellen Pause im Gutshofrestaurant kann man je nach Lust und Laune zum nahe

Badestelle am Großen Kreßinsee in Strietfeld

Schöne Raststelle am idyllischen Ufer des Minzower Sees

gelegenen Tangahnsee mit einer wiederum sehr ruhigen Badestelle weiterradeln.

Zur Kroneiche Vom kurzen Abstecher wieder zurück an der T-Kreuzung in Woldzegarten folgen Sie nach rechts der Nebenstraße nach Minzow. Am Ortseingang versteckt sich rechts zwischen dem Schilfgürtel der hübsche Minzower See. Geradeaus an der Dorfkirche vorbei geht es Richtung Röbel zurück. Nach Minzow durchqueren Sie den Glienholz auf der Nebenstraße. Der Wald ist das Naherholungsgebiet von Röbel und auch bekannt wegen seines alten Baumbestands. Ziel der Besucher ist unter anderem der Rohrteich, der im Juli und August über und über mit blühenden Seerosen bedeckt ist. Beim Wanderparkplatz Forsthaus Hagen zweigt nach links ein Weg zu einem Teich ab. Sie radeln am Parkplatz vorbei und treffen nach ein paar Metern an der linken Seite auf eine dicke, knorrige Kroneiche, die laut Informationstafel über 600 Jahre alt ist. Sie folgen der Straße weiter, verlassen den Glienholz und biegen dann nach wenigen Minuten links ab. Sie kommen danach an der Kläranlage von Röbel vorbei und stoßen schließlich wieder auf die Groß-Keller-Trift, die rechts zurück nach Röbel führt. Wieder am Stadthafen von Röbel bleibt vielleicht noch Zeit, um die Stadt zu besichtigen. Oder für ein frisches Fischbrötchen an einer Imbissbude am Hafen.

Einkehr

Das Restaurant Flotows im Gutshof Woldzegarten bietet ausgezeichnete, regionale Küche in schönem Ambiente. Bei gutem Wetter lockt die sonnige Terrasse, und bei Schlechtwetter kann man es sich im Kamingewölbe gemütlich machen.

8

Am Kölpinsee und Fleesensee

Abwechslung pur

Mittel | 26 km | 2:30 Std.

Tourencharakter
Etappe auf asphaltierten Nebenstraßen und Radwegen; kleine Abschnitte auf Kieswegen

Ausgangspunkt
Parkplatz beim Amtsgericht, Zur Steinmole, Waren

Endpunkt
Jachthafen Malchow bei der Drehbrücke

GPS-Daten
53.517333, 12.680472

Anfahrt
Auto: Auf der B 192, die direkt am Parkplatz vorbeiführt
Bahn: Mit dem IC/ICE u. a. ab Berlin, Dresden und Rostock; mit dem Regional-Express (RE) u. a. ab Neustrelitz und Rostock
Schiff: Mit den regulären Schiffen der Weißen Flotte ab Rechlin-Nord, Röbel und Klink

Karte
ADFC-Regionalkarte 1:75 000, Mecklenburgische Seenplatte

Kombinierbar mit
Tour 9

Einkehr
Waren: verschiedene Restaurants und Cafés an der Uferpromenade
Klink: Restaurant Strandläufer, www.strandläufer-müritz.de; Restaurant Fischerhus, www.schlosshotel-klink.de/restaurant/restaurant-fischerhus
Untergöhren: Seewirtschaft, www.seewirtschaft-fleesensee.de
Malchow: Restaurant Insulaner, www.insulaner-malchow.de

Seen, Wälder und Wiesen bezaubern die Radfahrer auf dieser Radtour. Aber diese Route bietet auch kulturelle Vielfalt. Sie radeln von der Warener Altstadt entlang der Schlösser Klink und Fleesensee zur hübschen Inselstadt Malchow. Die Seen sind immer nah und locken zu einer Pause.

An der Binnenmüritz Einen Spaziergang durch die Warener Altstadt mit ihren hübschen Gassen und belebten Plätzen heben Sie sich am besten für später auf, wenn Sie eventuell mit unserer Tour 9 retour radeln, das Fahrgastschiff der Weißen Flotte oder den Zug der Hanseatischen Eisenbahn GmbH zurück nehmen. Oder vielleicht eine andere Tour ab/bis Waren machen. Ausgangspunkt ist wieder der große Parkplatz beim Warener Amtsgericht. Mit dem Gerichtsgebäude im Rücken radeln Sie geradeaus zum Müritzeum, wo Sie das Rad nach rechts schwenken. Sie folgen ab jetzt dem Müritz-Radrundweg Richtung Klink und Röbel. Dabei blicken Sie links auf die Binnenmüritz und ihre grüne Uferpromenade. Weiter geht es auf einer komfortablen Fahrradstraße durch eine bevorzugte Wohngegend am Müritzufer, geprägt von eleganten Jugendstilvillen. Nach dem Warener Volksbad folgen Sie nach links dem Radschild Röbel und der Radweg taucht in den Stadtwald ein. Die Route schlängelt sich danach über einen abenteuerlichen Holzsteig durch sumpfiges Gelände. Radler werden hier höflich aufgefordert, abzusteigen und das Rad zu schieben.

Linke Seite: Betonierter Radweg bei Grabenitz

Nach Klink Auf den nächsten Kilometern Richtung Klink verläuft der Radweg am Campingplatz Kamerun vorbei und auf einem schmalen Radstreifen an der Bundesstraße entlang. Anschließend schlängelt er sich im leichten Auf und Ab auf naturbelassenen Wegen durch den Wald. Eine alternative Route führt übrigens rechts beim Camping zur Bundesstraße, der Sie links auf dem separaten Radweg folgen können. Sie überqueren dabei den Reeckkanal und biegen an der Ampel nach links Richtung Müritz-Klinik und Müritz-Hotel ab. Am Ufer treffen beide Routen wieder aufeinander und Sie folgen nun wieder dem

Wegweiser am Westufer der Großen Müritz

Müritz-Radrundweg. Von etwa 1960 bis 1990 befand sich hier an der Müritz eine große Urlaubersiedlung des gewerkschaftlichen Feriendiensts der DDR. Einige Unterkünfte wurden abgerissen, andere fanden neue Investoren. Die Radstrecke im Uferbereich ist ein wahrer Genuss. Der Radweg führt direkt an der Müritz entlang und wird von herrlichen Sandstränden, kleinen Liegewiesen und einladenden Restaurants gesäumt. Auch die Fahrgastschiffe der Weißen Flotte legen in der idyllischen Klinker Bucht an. Blickfänger am Ufer ist das elegante, märchenhaft erscheinende Schloss von 1897, das in ein Hotel mit Restaurant samt gemütlicher Aussichtsterrasse umgebaut wurde.

Am Kölpinsee Beim Hafen von Klink verlassen Sie den Müritz-Radrundweg nach rechts und folgen nun dem Radwegweiser Kölpinsee zur Bundesstraße. Sie halten sich hier links und biegen bald wieder rechts auf die Nebenstraße ein. Weiter geht es nach Grabenitz, zwischen Feldern und Wiesen hindurch mit freiem Blick auf den Kölpinsee. Die Route verläuft im Uferbereich des beschaulichen, rund 20 Quadratkilometer großen Sees und führt im Gutsdorf Grabenitz nach links entlang einer ehemaligen Turmhügelburg weiter nach Göhren-Lebbin. Am Wegrand lassen sich die Umrisse des mittelalterlichen Grabens und Turmhügels übrigens noch gut erkennen. Von der Burg ist

Bootsanlegestelle am Fleesensee in Göhren-Lebbin

allerdings nichts mehr vorhanden, aber eine Texttafel mit Zeichnung vermittelt einen sehr guten Eindruck vom ehemaligen Bauwerk. Die schattige Strecke durch Alleen und auf Waldwegen streift danach Wendhof nur am Rande. Das nächste Ziel, Göhren-Lebbin, begrüßt Sie schon bald aus der Ferne.

Zum Fleesensee Das Ortsbild von Göhren-Lebbin wird vom Schloss Fleesensee bestimmt. Es wurde Anfang des 20. Jahrhunderts an der Stelle eines alten Gutshauses in einem prunkvollen, neobarocken Stil errichtet und kannte viele Funktionen, bis es nach der Wende zum Hotel umgebaut wurde. Nach der Renovierung und dem Ausbau bildet es heute mit dem Schlossplatz und dem Schlosspark den glänzenden Mittelpunkt des Orts. Die Radroute führt direkt am Schloss entlang, weiter über den modern gestalteten Marktplatz hinunter nach Untergöhren und durchquert dabei den Golfplatz, der an das Schlossareal grenzt.

Schlosshotel Fleesensee in Göhren-Lebbin

Untergöhren ist ein kleiner, aber sehr beliebter Ferienort am Südufer des Fleesensees mit Unterkünften für jeden Geschmack und Geldbeutel. Ein netter Badestrand, ein Jachthafen und unterschiedliche Gastronomie am Ufer runden das Angebot ab. Das macht das Ferienparadies auch zu einem guten Ort zum Einkehren und/oder für eine erfrischende Badepause im rund fünf Kilometer langen und bis zu vier Kilometer breiten Fleesensee.

Auf dem Radweg Richtung Malchow

Auf nach Malchow Im leichten Auf und Ab durch Felder und mit Blick auf den Fleesensee geht es weiter zum Gutsdorf Laschendorf. Der Ort mit seinem ländlichen Charme und einigen Ferienhäusern liegt bereits im Uferbereich des Malchower Sees. Zur Inselstadt Malchow ist es jetzt nicht mehr weit. Bereits aus der Ferne erblicken Sie die bezaubernde Silhouette von Malchow. Der Radweg stößt am Stadtrand auf eine Kreuzung, wo es nach rechts über einen Erddamm ins Stadtzentrum von Malchow geht. Nehmen Sie sich aber erst noch etwas Zeit und radeln Sie geradeaus durch die hübsche Straße Kloster direkt auf

Freie Sicht vom Radweg auf den Malchower See

Malchow

Doc's Beachbar in Malchow, Langestraße 11, einen Steinwurf östlich der Drehbrücke, bietet Strandfeeling mit Cocktails inmitten der Kleinstadt. Zudem können Sie hier ein Tretboot mieten und den Malchower See damit erkunden. Informationen unter bootforfun.de.

Strandatmosphäre am Doc's Beach in Malchow

die Klosterkirche zu. Sie ist der überragende Mittelpunkt des Klosters, das am Ende des 13. Jahrhunderts von Nonnen des Ordens der Büßerinnen gegründet wurde. In der Kirche und im Pfarrhof befindet sich das Mecklenburgische Orgelmuseum und es finden regelmäßig Orgelkonzerte statt. Das Kloster wurde 1572 während der Reformation in ein Stift adeliger Damen umgewandelt und im Laufe der Jahrhunderte mehrmals umgebaut. Viele Bauten aus dieser Zeit existieren heute noch, wie das Haus der Konventualinnen, das Domina-Haus oder das Refektorium, das heute ein Kunstmuseum beherbergt. Sehenswert sind auch das Kuriosen- und Raritätenmuseum »Kiek in un wunner di«, der Engelsche Garten, benannt nach dem ehemaligen Küchenmeister Engel, und der Klosterfriedhof. Aber auch wenn Sie keinen Besuch der Klosteranlage planen, lohnt sich der kurze Abstecher hierher, schon wegen des herrlichen Panoramas vom Kirchplatz aus auf den Malchower See und das malerische Inselstädtchen Malchow (siehe Tour 9).

Klosterkirche von Malchow

9

Um den Jabelscher See

Quirlige Städte und stille Natur

Mittel | 29 km | 2:30 Std.

Tourencharakter
Etappe auf asphaltierten Nebenstraßen und Radwegen; kleine Abschnitte sind Kieswege

Ausgangspunkt
Parkplatz Stämmenberg, Malchow

Endpunkt
Altstadt von Waren

GPS-Daten
53.471944, 12.438056

Anfahrt
Auto: A 19, Ausfahrt Malchow oder Ausfahrt Waren (B 192)
Bahn: Züge der Hanseatischen Eisenbahn ab Waren
Schiff: Mit der Weißen Flotte u. a. ab Waren und Röbel

Karte
ADFC-Regionalkarte 1:75 000, Mecklenburgische Seenplatte

Kombinierbar mit
Tour 1, 2, 4, 8 und 20

Einkehr
Malchow: Restaurant Insulaner, www.insulaner-malchow.de; Doc's Beachbar, bootforfun.de
Jabel: Wirtshaus Zur Eibe, www.wirtshauszureibe.de/restaurant
Waren: verschiedene Restaurants und Cafés an der Uferpromenade

Heide, Felder, Seen und Wälder kennzeichnen diese Tour und bieten vielfältige Raderlebnisse. Außerdem laden die attraktivsten Städte der Mecklenburgischen Seenplatte zu Besichtigungen ein: das Inselstädtchen Malchow am Beginn und das lebhafte Waren am Ende dieser kontrastreichen Radtour.

Eine Stadt mit Flair Gleich beim Start der Radtour erwartet Sie mit Malchow bestimmt eine der schönsten Kleinstädte der Region, schon wegen ihrer besonderen Lage auf einer Insel. Die quirlige Altstadt wird von schmalen Gassen mit farbenfrohen Giebelhäusern geprägt und ist sicher einen Besuch wert. Die Radtour verläuft sowieso direkt durch den historischen Kern. Vom Parkplatz am Stadtrand lassen Sie das Rad zunächst

Öffentliches Strandbad am Malchower See in Malchow

Blick vom Straßendamm auf die Silhouette von Malchow

hinunterrollen und überqueren auf einem 1846 angelegten Straßendamm den Malchower See. Der Damm verbindet die Altstadtinsel mit dem Festland im Südosten und bietet ein perfektes Panorama auf den tiefblauen See, die Klosteranlage mit ihren prägnanten Kirchtürmen und die malerische Stadt. Die Radtafeln leiten Sie direkt ins Herz der Stadt und durch eine Einbahnstraße am historischen Rathaus vorbei, das 1821 erbaut wurde, rund 125 Jahre nachdem der erste Verwaltungssitz bei einem Großbrand völlig zerstört wurde. Schon bald nach dem Rathaus erreichen Sie das nächste Highlight der Stadt: die moderne Drehbrücke. Sie ersetzt seit 1991 den verfallenen Vorgän-

ger und ist das Bindeglied zwischen der Altstadtinsel und dem Festland an der Westseite. Das Treiben an der modernen Brücke ist schlichtweg ein Spektakel, das viele Besucher, aber auch Bewohner täglich anzieht. Und wegen der Aussicht sind auch die Restaurants nahe der Drehbrücke immer gut besucht.

Am Malchower See Sie biegen kurz nach der Drehbrücke in die Güstrower Straße nach rechts ein und folgen nun den Radtafeln Richtung Silz. Nach etwa einem halben Kilometer stoßen Sie automatisch auf ein Denkmal aus der Zeit der Sowjetunion. Sie schwenken hier das Rad nach rechts und gelangen so zum Ufer des Malchower Sees, dem Sie nach links folgen. Der Uferweg bietet unterwegs herrliche Aussichten auf die stille Wasseroberfläche und den Segelhafen. Kurz danach lockt das Strandbad Malchow mit grüner Liegewiese zu einer erfrischenden Pause. Die Route geht am Strandbad links weiter. Sie folgen jetzt immer den Wegweisern Jabel und biegen nach wenigen Pedaltritten rechts auf eine Allee ein, die durch dichten Wald in Ufernähe führt. Der Wald macht schließlich Platz für offenes Agrarland und die Route steigt nach links langsam hoch auf den Trostberg. Ab nun ermöglicht die etwas höher verlaufende Route schöne Fernsichten auf die stille Landschaft und den Fleesensee, der ohne Abgrenzung an den Malchower See anschließt.

Um den Jabelschen See nach Waren Den Wegweisern immer folgend, radeln Sie auf der nächsten Etappe

über das unscheinbare Silz nach Jabel. Die Route führt abwechselnd durch Felder, Heide und Wald. Sie durchqueren dabei einen Teil des Naturparks Nossentiner-Schwinzer Heide. Am Ortsrand von Jabel verlassen Sie die Radhauptroute nach rechts Richtung Jachthafen für einen Abstecher zum Jabelschen See. Am Ufer des beschaulichen Sees können Sie einkehren oder ein Bänkchen zur Rast nutzen. Nach dem Zwischenstopp radeln Sie auf der Seepromenade an einer Feriensiedlung und kleinen Badestelle entlang zur backsteinernen, über 150 Jahre alten Dorfkirche. Sie halten sich hier links, dann an der Durchfahrtsstraße rechts und verlassen langsam Jabel. Nach wenigen Minuten biegen Sie nach rechts auf die Nebenstraße Richtung Damerow ein. Sie folgen nun wieder dem Ufer des Jabelscher Sees und können dabei die letzten schönen Seeblicke genießen.

Vom Nordostufer des Jabelschen Sees führt schließlich links eine wunderbare, einige Kilometer lange Fahrradstraße Richtung Waren. Sie verläuft durch Wald am Nordufer des Kölpinsees. Leider gibt der dichte Wald im Uferbereich den Blick auf den See nur sparsam frei. Schließlich erreichen Sie die Bundesstraße, die Sie bei der Ampel geradeaus überqueren. Sie können hier nach links der stark frequentierten Bundesstraße nach Waren folgen oder weiterradeln zum Campingplatz Kamerun, wo es auf dem Müritz-Radrundweg links nach Waren zurückgeht.

Befestigter Kiesradweg nahe dem Trostberg

Einkehr

Das eher schlicht erscheinende Restaurant Quisisana am Ufer des Jabelschen Sees serviert neben schmackhaften Fischgerichten auch überraschende Wildspezialitäten und Schnitzelvariationen. Zudem gibt es selbst gemachtes Eis (www.quisisana-jabel.de).

Linke Seite oben: Moderne Drehbrücke in Malchow

Linke Seite unten: Badestelle und Rastplatz am Jabelschen See

10

Am Südufer des Plauer Sees

Beliebter Radweg

Mittel | 31 km | 3:00 Std.

Tourencharakter
Etappe auf asphaltierten Nebenstraßen und Wirtschaftswegen sowie mit Kies befestigten Radwegen

Ausgangspunkt
Parkplatz Stämmenberg, Malchow

Endpunkt
Hafen, Plau am See

GPS-Daten
53.471944, 12.438056

Anfahrt
Auto: A 19, Ausfahrt Malchow oder Ausfahrt Waren (B 192)
Bahn: Züge der Hanseatischen Eisenbahn ab Waren
Schiff: Mit der Weißen Flotte u. a. ab Waren und Röbel

Karte
ADFC-Regionalkarte 1:75 000, Mecklenburgische Seenplatte

Kombinierbar mit
Tour 8 und 11

Einkehr
Lenz: Lenzer Krug, bootscharter-malow.de/lenzer-krug
Zislow: Kiosk am Badestrand
Bad Stuer: Restaurant im Bärenwald, www.baerenwald-mueritz.de
Plau am See: Fischerhof im Hafen, www.mueritzfischer.de/fischerhoefe

Der Plauer-See-Radrundweg gehört zweifellos zu den beliebtesten Radwegen der Mecklenburgischen Seenplatte. Diese Radtour führt vom Malchower See zum Plauer See und folgt dabei dem Südufer. Ausflugslokale und Badestellen erwarten Sie unterwegs und die malerische Altstadt von Plau am See zum Schluss. Zurück geht es diesmal mit dem Schiff.

Malchow Startpunkt der Route ist der Parkplatz in der Nähe des Klosters Malchow. Das Klosterensemble am Südostufer des Malchower Sees ist bestimmt einen kurzen Abstecher wert (siehe Tour 8). Die Radtour führt vom Parkplatz geradeaus hinunter, über den Erddamm und anschließend durch die Altstadt

Lenzer Kanal mit Bootsanlegestelle und Lenzer Krug

auf der Insel. Bereits auf den ersten Kilometern der Tour ergibt sich ein prächtiges Panorama auf die Stadt und das Wasser. Vorbei an romantischen Giebelhäusern in der Altstadt erreichen Sie die moderne Drehbrücke. Sie verlassen bei der Brücke die Inselstadt geradeaus, radeln durch die Kirchenstraße und am DDR-Museum vorbei. Es ist im ehemaligen Filmpalast untergebracht und dem Alltag in der DDR gewidmet. Beachtenswert ist danach auch die Stadtkirche, ein monumentales Gotteshaus aus Backstein mit sehenswerter Innenausstattung. Beim Ver-

Ortsdurchfahrt von Lenz

kehrskreis schwenken Sie links auf die Straße Biestorfer Weg. Sie verlassen Malchow jetzt langsam, folgen dem Biestorfer Weg geradeaus unter der Autobahn hindurch und radeln durch Wald über Biestorf nach Lenz.

Erstes Ziel Das erste Ziel mit einem eventuellen Stopp ist Lenz. In der kleinen Siedlung treffen Sie auf einige Hotels und Ferienwohnungen sowie das bekannte Ausflugslokal Lenzer Krug. Das Traditionshaus liegt nett am Ufer des Lenzer Kanals, der den Petersdorfer See mit dem Plauer See verbindet. Wanderer und Radfahrer kehren gerne im Lenzer Krug ein, und auch die Fahrgastschiffe nach und von Plau am See legen vor der Gaststätte ab bzw. an. Sie folgen ab Lenz nun dem Plauer-See-Radrundweg, überqueren den Lenzer Kanal auf einer schmalen Brücke und bekommen gleich rechts den Plauer See in den Blick. Zu einer einladenden Badestelle gelangen Sie an einer Linkskurve. Hier können Sie über Stufen zur Lenzer Höh hinaufgehen, von wo Sie einen Panoramablick auf den Plauer See haben. Er gilt als einer der schönsten Seen der Region und ist mit einer Fläche von rund 38 Quadratkilometern die Nummer drei in der Mecklenburgischen Seenplatte.
Trotz zahlreicher Ausbauten in den letzten Jahren ist der Radrundweg am Südufer des Sees noch nicht überall gut zu befahren. Eine Informationstafel bei den Stufen warnt Radfahrer,

Badestrand von Zislow am Plauer See

dass der offizielle Plauer-See-Radrundweg bei der Lenzer Höh nicht am Ufer weiterführt. Der Uferweg ist schmal, durchzogen von Baumwurzeln und verläuft teilweise hoch auf der Steilkante. Radfahrer werden aus Sicherheitsgründen gebeten, dem ausgeschilderten Radweg nach links zu folgen.

Am Radweg bei der Dresower Mühle

Zum Südzipfel des Sees Entsprechend des Sicherheitshinweises immer den Radtafeln folgend, gelangen Sie durch Wald zum nächsten Ziel am Plauer See: Zislow. Die Radroute führt Sie ab der Kreuzung am Ortseingang auf die Nebenstraße links weiter. Aber der Abstecher geradeaus lohnt sich. Denn sehenswert in Zislow ist die kleine malerische Dorfkirche oberhalb der Badestelle. Die historische Fachwerkkirche ist mit ihrer achteckigen Form eine Besonderheit unter den religiösen Bauwerken. Zislows Badebucht und der Kiosk laden zu einem kurzen Stopp ein. Sie haben in Zislow die Wahl, auf dem naturbelassenen Uferweg nach Suckow weiterzuradeln oder die Radroute über die Nebenstraße durchs stille Hinterland zu nehmen. Unsere Route verläuft auf der Nebenstraße. Nach Suckow folgen Sie dem Radweg nach Bad Stuer am Südzipfel des Sees. Auch in Sukow wird wiederum davon abgeraten, dem naturbelassenen Uferweg zu folgen. Er ist eng, von Wurzeln überwuchert und bei nassem Wetter sehr matschig. Vor Bad Stuer haben Sie noch die Möglichkeit, einen Abstecher zum Bärenwald zu machen – eine Stiftung des Projekts Vier Pfoten mit einer netten Gaststätte zum Einkehren. Ein kurzer, aber lohnenswerter Abstecher beim Bärenwald führt ins nahe gelegene Tal der Eisvögel, wo die bezaubernden Vögel ihre Nester in einer Lehmwand am Ufer gebaut haben.

Auf nach Plau am See Das touristische Bad Stuer ist erstaunlich klein, aber überrascht mit

Schiffsverkehr

Vom Leuchtturm im Hafen aus verkehrt derzeit die sogenannte Radler-Linie der Blau-Weißen-Flotte dreimal wöchentlich nach Malchow. Aktuelle Fahrzeiten, Ticketpreise etc. unter www.blau-weisse-flotte.de/fahrplan/plau-am-see. Außerdem gibt es Schiffsverbindungen nach Lenz, falls Sie die Tour dort beginnen werden. Infos unter www.fahrgastschifffahrt-mecklenburgische-seenplatte.de/lenz.php.

Eldeschleuse mit Hühnerleiter in Plau am See

seiner Bäderarchitektur. Ab Bad Stuer verläuft der Radrundweg im Uferbereich und führt im leichten Auf und Ab durch Wald zur Dresenower Mühle, die Teil einer Luxushotelanlage mit gepflegtem Seerestaurant ist. Danach erreichen Sie Silbermühle, wo der Radweg bequem auf einer Promenade entlang hübscher Villen führt. Im Strandbad Seelust haben Sie die Gelegenheit, sich im See zu erfrischen. Zur Plauer Altstadt ist es jetzt nicht mehr weit.

Die Route überquert nach Plötzenhöhe die Bundesstraße und stößt dann auf die historische blaue Hubbrücke in Plau am See, hinter der gleich die Altstadt beginnt. Die Brücke stammt von 1916, wurde nach ihrem Verfall 1991 vollständig rekonstruiert und ist heute das meistfotografierte Motiv der Stadt.

Gemütliche Terrasse des Cafés Fackelgarten an der Elde

Nach der Brücke geht es rechts am Ufer der Elde entlang zum Hafen, wo die Fahrgastschiffe nach Malchow und Lenz an- bzw. ablegen. Wenn noch Zeit vorhanden ist, dann

sollten Sie eine kurze Runde durch die Altstadt machen, allerdings mit dem Rad an der Hand, da in vielen Gassen das Kopfsteinpflaster nicht gerade fahrradfreundlich ist. Nach der Hubbrücke beginnt die Große Burgstraße, in der sich ein sehenswertes Ackerbürgerhaus befindet, das nach einem Großbrand wiederaufgebaut wurde. Die Große Burgstraße stößt geradeaus an den grünen Burgwall, wo sich die Touristeninformation und das Burgmuseum samt Burgturm befinden.
Etwa 50 Meter nach der Hubbrücke geht es links durch die Marktstraße direkt zum Marktplatz mit dem Rathaus. 1455 erstmals erwähnt, brannte das Haus in den nachfolgenden Jahrhunderten mehrmals ab und wurde schließlich 1888 im Stil der niederländischen Renaissance neu erbaut. Vom Rathaus geht es geradeaus über den Marktplatz zur evangelischen, etwa 800 Jahre alten Sankt-Marien-Kirche, deren Turm bestiegen werden kann. Belohnt wird der Aufstieg über 120 Stufen mit einem Panoramablick über die Stadt und den See. Vor der Kirche gelangen Sie nach links ans Eldeufer und zur Schleuse mit der Hühnerleiter, wie der Schleusenübergang wegen seines Aussehens bezeichnet wird. Am Ufer links entlang gelangen Sie schließlich wieder zur Hubbrücke und zum Hafen, dem Endpunkt der Tour.

Historische Hebebrücke über die Elde in Plau am See

11

Am Nordufer des Plauer Sees

Geschützte Uferzonen

Mittel | 27 km | 2:30 Std.

Tourencharakter
Etappe auf asphaltierten Nebenstraßen und Radwegen, kleinere Abschnitte auf befestigten Kieswegen

Ausgangspunkt
Parkplatz Quetzinger Straße 2, Plau am See

Endpunkt
Gaststätte Lenzer Krug, Lenz

GPS-Daten
53.462111, 12.265361

Anfahrt
Auto: B 191 und B 103, die direkt am Parkplatz vorbeiläuft
Schiff: Mit der Weißen Flotte ab Malchow und mit dem Fahrgastschiff ab Lenz

Karte
ADFC-Regionalkarte 1:75 000, Mecklenburgische Seenplatte

Kombinierbar mit
Tour 8, 9, 10 und 20 ab Alt Schwerin

Einkehr
Plau am See: Fischerhof im Hafen, www.mueritzfischer.de/fischerhoefe
Alt Schwerin: Café im Agroneum, www.agroneum-altschwerin.de
Lenz: Lenzer Krug, bootscharter-malow.de/lenzer-krug
Malchow: Restaurant Insulaner, www.insulaner-malchow.de

Badestellen, ein Streichelzoo, Naturschutzgebiete mit einem sehenswerten Informationszentrum am Nordufer des Plauer Sees und das hübsche Alt Schwerin mit dem Agroneum sind die Highlights dieser Route. Ab Lenz können Sie die Tour mit etwa sieben Kilometern auf einer Nebenstraße nach Malchow verlängern.

Erste Etappe Plau am See ist ein Städtchen mit Charme und angenehmer Ausgangspunkt dieser Route. Eine Runde vorab durch den mittelalterlichen Stadtkern mit seinen gut erhaltenen Giebelhäusern, dem Burgturm samt Museum und der Sankt-Marien-Kirche lohnt sich allemal (siehe Tour 10), ebenso wie der Besuch des Leuchtturms im Hafen. Kurz nach dem Start ist die Route zum Hafen ausgeschildert. Vom Leuchtturm haben Sie in 13 Metern Höhe ein herrliches Panorama über den Plauer See.

Plauer Hafen mit begehbarem Leuchtturm

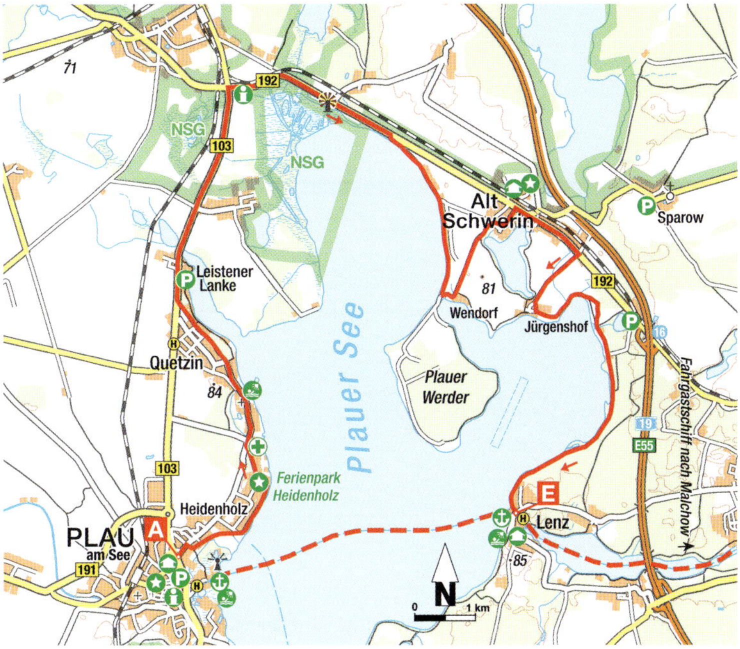

Die Radtour beginnen Sie am großen Parkplatz nördlich des Burgwalls. Hier überqueren Sie bei der Fahrradampel die Bundesstraße geradeaus. Sie folgen jetzt dem Plauer-See-Radrundweg mit der Wegbeschilderung T27 Richtung Karow. Kurz nach der Ampel schwenkt die Radroute nach rechts, dann nach links und führt Sie an Feldern vorbei zum Plauer See. Auf dem Uferweg radeln Sie nun durch eine idyllische Zone. Der Plauer See ist ein richtiges Freizeitparadies mit kleinen Badestellen, bunten Bootshäusern und Bootsanlegestellen. Wer mit Kindern unterwegs ist, der kann in Heidenholz einen Stopp beim Streichelzoo mit unter anderem Ponys, Ziegen und Alpakas einlegen. Die Radroute verläuft weiter über das beschauliche Quetzin durch ländliches Gebiet und bietet immer wieder schöne Seeblicke. Nach einer leichten Steigung stoßen Sie auf die Bundesstraße, der Sie nach rechts folgen. Der separate Radweg begleitet nun die Straße und führt zwischen kleinen Seen hindurch zum Nordufer des Plauer Sees. Sie halten sich an der Kreuzung der Bundesstraßen rechts Richtung Malchow.

Radeln in Ufernähe in Quetzin am Plauer See

Nach Alt Schwerin

Gleich nach der Kreuzung stoßen Sie auf das

Radparkplatz im Informationszentrum Karower Meiler

Café im Freilichtmuseum Agroneum von Alt Schwerin

Kultur- und Informationszentrum Karower Meiler mit einer Ausstellung zum Naturpark Nossentiner-Schwinzer Heide. Der Rastplatz des Zentrums ist auf jeden Fall ein guter Ort, um eine kurze Rast einzulegen. Alt Schwerin ist das nächste Ziel. Nach dem Karower Meiler beginnt das Naturschutzgebiet Nordufer Plauer See. Vom Radweg führt eine Stichstraße rechts durch das Naturgebiet zum Aussichtsturm. Tafeln am Wegrand informieren über Flora und Fauna und der Aussichtsturm bietet einen schönen Blick auf die geschützte Uferlandschaft.

Nach der Stichstraße stoßen Sie nach wenigen Minuten auf einen Campingplatz. Hier kehren Sie der Bundesstraße den Rücken und die Radroute verläuft nach rechts auf dem Uferweg mit Blick auf die Insel Werder. Sie haben die Möglichkeit, die Insel auf einem Radweg zu umrunden. Unsere Tour geht aber links über Wendorf nach Alt Schwerin mit seinem hübschen Ortskern.

Letzter Abschnitt In Alt Schwerin stoßen Sie wieder

auf die Bundesstraße, der Sie nach rechts folgen. Sie passieren das Freiluftmuseum Agroneum mit historischen Gebäuden, einem Café und dem obligatorischen Museumsshop, wo Sie regionale und saisonale Gerichte und Produkte erhalten. Das Agroneum, eine Erlebniswelt der besonderen Art, informiert über die Geschichte der regionalen Landwirtschaft und zählt zu den beliebtesten Ausflugszielen in der Region.
Von Alt Schwerin radeln Sie wieder ein kurzes Stück an der Bundesstraße entlang und folgen dann der Radtafel rechts nach Jürgenshof. Zwischen Feldern und Wiesen hindurch gelangen Sie wieder zum Plauer See, wo Sie durch eine moderne Wohn- und Feriensiedlung hindurch den Uferradweg erreichen. Eine ruhige Genussstrecke führt nun fast ständig am Wasser entlang nach Lenz am Ostufer des Plauer Sees, wo diese Radtour schließlich endet. Hier können Sie sich von den Strapazen der Tour am Badestrand erholen und / oder sich auf der Terrasse des beliebten Restaurants Lenzer Krug kulinarisch verwöhnen lassen, bevor Sie das Fahrgastschiff nach Plau am See zurücknehmen. Schöner kann eine Radrunde eigentlich nicht abgeschlossen werden.

Fahrpläne beachten

Achten Sie auf die Abfahrtszeiten der Fahrgastschiffe nach Plau am See, die derzeit zweimal täglich ablegen. Unter www.fahrgastschifffahrt-mecklenburgische-seenplatte.de/lenz.php erhalten Sie aktuelle Informationen. Die Schiffe der Weißen Flotte nach Malchow halten derzeit noch nicht in Lenz! Aktuelle Änderungen unter www.blauweisse-flotte.de/fahrplaene.

Schilfbewachsenes Ufer des Plauer Sees

Mecklen-burgische Kleinseenplatte

Blick vom Radweg auf Wustrow (Tour 11) (o. li.). Brücke zur Liebesinsel beim Schloss Mirow (Tour 12) (o. re.). Die Maske zeigt die Abzweigung an zum Freilichtmuseum Slawendorf in Neustrelitz (Tour 16) (u. re.). Fahrgastschiff auf der Großen Müritz (Tour 12) (u. li.).

12

Um die Seenkette bei Mirow

Genussvolle Rundtour

Mittel | 41 km | 3:30 Std.

Tourencharakter
Rundtour auf asphaltierten Radwegen sowie befestigten Forst- und Uferwegen

Ausgangs-/Endpunkt
Parkplatz, Rudolf-Breitscheid-Straße 20, Mirow

GPS-Daten
53.276444, 12.815833

Anfahrt
Auto: Mirow liegt direkt an der B 198, etwa 28 km östlich der A 19.
Bahn: Regionalbahn ab Wesenberg
Schiff: Mit den Fahrgastschiffen ab der Großen Seenplatte

Karte
ADFC-Regionalkarte 1:75 000, Mecklenburgische Seenplatte

Abkürzung
Bei Vietzen der B 198 nach links und dann der Landstraße nach Lärz folgen, dies verkürzt die Route um etwa 3 km.

Kombinierbar mit
Tour 13 und 14

Einkehr
Mirow: Alte Schlossbrauerei, www.alte-schlossbrauerei.de
Bolter Schleuse, www.mueritzfischer.de/fischerhoefe
Rechlin-Nord: Restaurant Captain's Inn, www.hafendorf-mueritz.de/ausgehen/captains-inn

Inmitten der stillen Wald- und Seenlandschaft der Mecklenburgischen Kleinseenplatte liegt Mirow. Diese Rundtour führt Sie durch die vielfältige Umgebung nördlich dieser Kleinstadt. Die Tour streift den Müritz-Nationalpark und umrundet die Seenkette. Kultureller Höhepunkt ist die Schlossinsel in Mirow, ein Muss für alle Besucher.

Klein, aber fein Mirow hat sich dank seiner Lage an Seen, Wasserstraßen und Radwegen, aber vor allem wegen seiner Schlossinsel zum Besuchermagneten entwickelt. Die Schlossinsel lädt mit dem mittelalterlichen Torhaus, dem prächtigen Residenzschloss und der altehrwürdigen Johanniterkirche mit

Außen schlicht, innen Barock und Rokoko: das Residenzschloss Mirow

Fürstengruft zum Besuch und die Liebesinsel und Alte Schlossbrauerei zum Verweilen ein.

Ehemalige Bootshäuschen am Mirower See

Vom Parkplatz in der Rudolf-Breitscheid-Straße verlassen Sie Mirow in nördlicher Richtung auf der Granzower Straße. Schon bald erblicken Sie links das glitzernde Wasser des Mirower Sees und Sie können einen Abstecher zum beliebten Badestrand beim Strandhotel machen. Der Radweg führt Sie geradeaus Richtung Granzow, wo Sie sich schräg links halten und die Feriensiedlung geradeaus durchqueren Richtung Babke. Nach Granzow treffen Sie auf eine Fahrradstraße, die fast kerzengerade durch die stillen Granzower Tannen verläuft. Der Wald erstreckt sich parallel zur nördlich des Mirower Sees anschließenden Seenkette, gebildet vom Granzower Möschen, Großen und Kleinen Kotzower See, vom Mössel, Leppinsee und schließlich vom Woterfitzsee. Die Seenkette liegt teilweise im Müritz-Nationalpark und

wird nicht nur von Radfahrern und Wanderern, sondern auch von Wasserwanderern geschätzt. Kurze Stichwege führen unterwegs hin und wieder zu den Ufern. Eine gute Möglichkeit für Radler bietet sich etwa fünf Kilometer nach Granzow, wo Sie an einer Kreuzung links zum idyllischen Leppinsee mit Imbissbude und Rastplatz gelangen – ideal für eine kurze Pause. Die Route geht weiter durch ausgedehnten Kiefernwald, über die Siedlung Zartwitz Richtung Boek, und umrundet zur Hälfte den Woterfitzsee.

Auf dem Radweg durch die Granzower Tannen

Boeker Mühle und Bolter Schleuse Das Gebiet am Nordufer des Woterfitzsees ist typisches Fischerland, geprägt von Fischteichen der Müritzfischer. Wasservögel lassen sich hier bei der Nahrungssuche bestens beobachten, unter anderem beim Amalienhof. Die Boeker Mühle und Bolter Schleuse bei den westlich des Sees liegenden Fischteichen sind die nächsten Ziele. Bei der Mühle stoßen Sie auf den Müritz-Radrundweg, dem Sie Richtung Rechlin folgen. Von der ehemaligen Wassermühle ist das Haupthaus erhalten geblieben, ein markanter Backsteinbau direkt an der Radroute und eines der ältesten Gebäude der Region. Das Wasserrad wurde vor einigen Jahren wieder instand gesetzt. Es empfehlt sich, das Rad hier einmal kurz abzustellen, nicht nur um sich umzusehen, sondern um eine Pause einzulegen. Der Fischhof der Müritzfischer bei der Schleuse ist eine gute Adresse für einen Imbiss.

Kleine Raststelle am Großen Kotzower See

Auf der Bahntrasse retour Von der Bolter Schleuse folgen Sie dem Müritz-Rad-

Oft nur mit dem Boot erreichbar: das Ufer des Leppiner Sees

rundweg nach Rechlin. Auf ihm durchqueren Sie den Ort und Sie radeln am Luftfahrttechnischen Museum, der Kleinen Müritz mit einladenden Badestellen, Bootshäusern und dem Jachthafen entlang. Vor dem Hafen im Zentrum passieren Sie auch noch das originale Teilstück der Rechliner Mauer, ein Relikt aus jener Zeit, als Rechlin in einen sowjetischen und deutschen Sektor geteilt war. Eine Tafel informiert über diese besondere Ortsgeschichte.

Schließlich gelangen Sie nach Vietzen und an die Bundesstraße, wo die Route rechts auf dem separaten Radweg weitergeht. Sie überqueren den Mirower Kanal und biegen dann links auf die Nebenstraße Richtung Gaarzer Mühle ein. Die Radstrecke führt Sie nun am Müritzarm entlang, vorbei an einem beliebten Wasserwanderplatz und über das landwirtschaftlich geprägte Neu Gaarz nach Lärz. Sie durchqueren das Dorf auf einer ehemaligen Bahntrasse, der Sie bis nach Mirow folgen. Am Ende der Trasse gelangen Sie links zur Mirower Schleuse. Achtung! Die Radroute führt nach der Schleuse geradeaus und dann gleich rechts hinter den Häusern weiter und auf einem sicheren Radweg zurück ins Zentrum von Mirow. Im schönen, am See gelegenen Fischereihof oder in der Alten Schlossbrauerei können Sie den Tag gemütlich ausklingen lassen.

Rückfahrt mit dem Bus

Wem die Tour zu lange ist oder wer aus anderen Gründen früher stoppen möchte, kann dies am besten in Rechlin tun. Denn ab der Alten Post im Zentrum gibt es mit der Buslinie 025 täglich mehrere Verbindungen nach Mirow (www.mueritz-rundum.de/mueritz-rundum-linien).

13

Zum Großen Labussee

Streifzug durch die Kleinseenplatte

Leicht | 26 km | 2:00 Std.

Tourencharakter
Etappe auf asphaltierten Nebenstraßen und befestigten Waldwegen entlang der Seenkette und im Nationalpark

Ausgangspunkt
Parkplatz, Rudolf-Breitscheid-Straße 20, Mirow

Endpunkt
Bahnhof in Wesenberg

GPS-Daten
53.276444, 12.815833

Anfahrt
Auto: Mirow liegt direkt an der B 198, etwa 28 km östlich der A 19.
Bahn: Regionalbahn ab Wesenberg
Schiff: Mit den Fahrgastschiffen ab der Großen Seenplatte

Karte
ADFC-Regionalkarte 1:75 000, Mecklenburgische Seenplatte

Abkürzung
Ab Granzow auf der Landstraße bzw. am Radweg über Roggentin nach Zwenzow, dies verkürzt die Route um etwa 6 km.

Kombinierbar mit
Tour 14 und 15

Einkehr
Mirow: Alte Schlossbrauerei, www.alte-schlossbrauerei.de
Blankenförde: Gaststätte Räucherkate Am Hexenwäldchen, hexenwaeldchen.de
Userin: Useriner Mühle, Imbiss Seeblick
Wesenberg: Biergarten am Hafen, www.altes-hospital.de

Diese Radtour führt von Mirow Richtung Norden an der Seenkette entlang und mit einem Bogen durch stille Ecken des Müritz-Nationalparks zum Großen Labussee. Verträumte Dörfer säumen den Radweg und die beschauliche Altstadt von Wesenberg lädt zur Besichtigung und zum Einkehren ein.

Entlang der Seenkette Vom Parkplatz in Mirow ausgehend, startet die Tour auf dem Radweg entlang der Breitscheid-Straße und später der Granzower Straße stadtauswärts. Nach kurzer Zeit erreichen Sie Granzow. Hier schwenken Sie das Rad schräg nach links und durchqueren die größtenteils aus Ferienwohnungen bestehende Siedlung geradeaus Richtung Babke. Nach Granzow geht es auf einer gut ausgebauten Fahrradstraße durch die Granzower Tannen. Links von Ihnen, etwas abseits der Radstraße, erstrecken sich die wie auf einer Schnur aufgefädelten Seen Granzower Möschen, Großer und Kleiner Kot-

zower See, Mössel und Leppinsee. Stichstraßen ermöglichen auch ab und an einen Abstecher ans Ufer zu machen, wie etwa fünf Kilometer nach Granzow zum Leppinsee mit Imbiss und Rastplatz. Nach der Straße zum Leppinsee geht es geradeaus durch Kiefernwald weiter. Nach wenigen Minuten haben Sie den Müritz-Nationalpark erreicht. Sie folgen nun nach rechts dem Nationalparkweg, gekennzeichnet mit einem blauen »M«. Die Radtafeln weisen Sie auf dem Waldweg zum nächsten Ziel: Babke.

Linke Seite: Die Radroute führt quer durch das hübsche Babke.

Durch den Müritz-Nationalpark Der Waldweg stößt bereits schnell auf eine Nebenstraße, die nach links mit leichter Steigung zwischen Feldern hindurch ins Nationalparkdorf Babke führt. Babke überrascht mit herausgeputzten Häuschen und einer schmucken, backsteinernen Dorfkirche. Im Dorf halten Sie sich rechts und durchqueren den verträumten Ort. Danach geht es weiter nach Blankenförde. Sie folgen jetzt einer Etappe des beliebten Havel-Radwegs, einem gut ausgebauten Radfernweg, der unter anderem Waren mit Berlin verbindet. Die Route überquert nach Babke die Havel und den Havelbach. Blankenförde hat sich dank seiner Lage am Ufer der Oberen Havel und am Eingang

Etwas holprig: die Ortsdurchfahrt von Blankenförde

des Müritz-Nationalparks zu einem bescheidenen Ferienort entwickelt. Sie durchqueren den Ort nach rechts und passieren am Ende die urige Gaststätte Räucherkate Am Hexenwäldchen, eine gute Gelegenheit für einen Stopp.

Gemütlicher, schattiger Biergarten in Wesenberg

Am Großen Labussee Die Radroute verläuft nach Blankenförde weiter auf der Nebenstraße und am Roten See entlang. An der T-Kreuzung biegen Sie links auf den Radweg nach Zwenzow ab. Ein schmaler Landstreifen trennt hier den Großen Labussee vom Useriner See, wo Sie bei der etwa einen Kilometer entfernten Useriner Mühle einen Zwischenstopp an der Badestelle und im Imbiss Seeblick einlegen können. In Zwenzow wechseln Sie vom Havel-Radweg auf den Mecklenburgischen Seenradweg, dem Sie nach rechts Richtung Wesenberg folgen. Die Etappe führt nun am bewaldeten Westufer des Großen Labussees entlang. Er und der Kleine Labussee sind gut besuchte Ferienziele, das gilt auch für den Großen Weißen See, dessen Strandbad große Beliebtheit genießt. Die Radtour durch die Kleinseenplatte endet unweit des Gewässers am Bahnhof von Wesenberg, einer hübschen Kleinstadt am Woblitzsee. Von hier können Sie mit der Bahn oder auf dem separaten Radweg entlang der Bundesstraße nach Mirow zurückgelangen. Vorher sollten Sie aber noch einen Abstecher ins Zentrum von Wesenberg machen.

Geschützte Uferzone des Großen Labussees

Wesenberg Die Zwischenradtafeln leiten Sie vom Bahnhof direkt ins Zentrum um den Marktplatz mit der evangelischen Stadtkirche. Die Hauptattraktion des kleinen

Burgfest in Wesenberg

Jedes Jahr am ersten Wochenende im Juli findet in Wesenberg das traditionelle Burgfest mit Ritterspielen, Tanzvorführungen, Feuerwerk und historischem Umzug statt. Zudem gibt es regelmäßig Weinabende und Buchlesungen (www.burgverein-wesenberg.de).

Städtchens ist allerdings die Burg auf einem Hügel südöstlich des Zentrums, die zum Schutz der Stadt Mitte des 13. Jahrhunderts errichtet wurde. Teile der Gebäude, der ehemaligen Burgmauer und des als Aussichtsturm dienenden Fangelturms sind heute noch erhalten. In den Räumen sind die Touristeninformation, das Forstmuseum und die Heimatstube mit einer Ausstellung über die Geschichte und die Fischerei untergebracht. Am Fuße der Burg befindet sich der Biergarten am Hafen, wo Sie sich für die Rückfahrt noch ausreichend stärken können.

Wesenberg: an der Dorfkirche (oben) und gute Einkehrmöglichkeit am Markt (unten)

14 Mirower Seenroute

Auf Entdeckungsreise

Leicht | 25 km | 2:00 Std

Tourencharakter
Rundtour auf asphaltierten Nebenstraßen und Radwegen sowie befestigten Feld- und Forstwegen

Ausgangs-/Endpunkt
Parkplatz, Rudolf-Breitscheid-Straße 20, Mirow

GPS-Daten
53.276444, 12.815833

Anfahrt
Auto: Mirow liegt direkt an der B 198, etwa 28 km östlich der A 19.
Bahn: Regionalbahn ab Wesenberg
Schiff: Mit den Fahrgastschiffen ab der Großen Seenplatte

Karte
ADFC-Regionalkarte 1:75 000, Mecklenburgische Seenplatte

Kombinierbar mit
Tour 12 und 13

Einkehr
Fleeth: Biergarten Fleether Mühle, www.fleethermuehle.info/gastronomie
Diemitz: Restaurant Regolin am See, regolinamsee.de
Mirow: Alte Schlossbrauerei, www.alte-schlossbrauerei.de

Etwas hügelig zeigt sich die Kleinseenplatte südlich von Mirow. Hier liegt das reizvolle Landschaftsschutzgebiet Müritz-Seenpark und Wasser, Wald und Wiesen sind allgegenwärtig. Diese Radrunde führt Sie von Mirow im Auf und Ab auf Entdeckungsreise quer durch die Natur.

Zur Fleether Mühle Vom Parkplatz in der Breitscheid-Straße in Mirow radeln Sie nach links zur Ampel an der Bundesstraße, die Sie geradeaus überqueren. Nun geht es auf der Töpferstraße, später auf der Rheinsberger Straße stadtauswärts Richtung Peetsch. Ein Radweg begleitet die Straßen nach Peetsch, einem kleinen Feriendorf am Nordwestufer des Schulzensees. In Peetsch schwenken Sie nach rechts und folgen den Radtafeln. Nun fahren Sie eine landschaftlich reizvolle Strecke Richtung

Rechte Seite: Kurz innehalten am Schwarzen See

Die Radroute passiert die historische Fleether Mühle im gleichnamigen Ort.

Fleeth. Ziel ist allerdings die Fleether Mühle mit dem Vilzsee auf der einen und dem Rätzsee auf der anderen Seite. Die Seen sind durch die schmale Oberbek verbunden. An den Ufern haben Bootsverleiher, Ferienwohnungen und -zimmer sowie ein Biergarten am Wasser dazu geführt, dass sich die ehemalige Mühle zu einem lebhaften Wasserwanderrastplatz entwickelte. Auch Radfahrer legen hier gerne eine Pause ein. Der Ort Fleether Mühle atmet noch ein wenig Geschichte, auch wenn vom Mühlengebäude, von den Mühlrädern und der Sägemühle nur wenig erhalten geblieben ist. An ihrer Stelle wurde vor Jahren in der Oberbek ein Wehr angelegt. Die riesigen Wasserräder können aber noch bewundert werden.

Müritz-Seenpark Nach dem Zwischenstopp an der Mühle geht die Radrunde auf der Nebenstraße nach Diemitz weiter. Der kleine Ferienort liegt bereits im Landschaftsschutzgebiet Müritz-Seenpark am Südufer des Vilzsees. Hier gibt es einige Einkehrmöglichkeiten und einen netten kleinen Badestrand. Kurz nach der Diemitzer Dorfkirche halten Sie sich rechts. Sie radeln danach durch Waldstücke und vorbei an Agrarflächen am Ufer des Vilzsees Richtung Schwarz. In dieser Region der Kleinseenplatte geht ein See nahtlos in den nächsten über:

Naturparadies Schwarzer See

der Vilzsee in den Mirower Adlersee, dieser in den Zethner See und dieser in den Schwarzen See. Der Uferbereich der Seen wird größtenteils von Wiesen gesäumt, ab und an gibt es Stichstraßen zu den Seeufern.

Johanniterkirche auf der Schlossinsel von Mirow

Letzte Etappe Der letzte Ort an der Route vor Mirow ist das beschauliche Schwarz. Sie durchqueren das Dorf geradeaus und radeln dabei an der Dorfkirche entlang. Vor der Kirche wurde ein kleiner Findlingsgarten angelegt, der frei zugänglich ist. Gegenüber dem Garten, in der alten Dorfschule, gibt es eine weitere Gesteinssammlung. Vor und nach der Dorfkirche haben Sie übrigens die Möglichkeit, nach rechts einen Abstecher zum kleinen Badestrand am Schwarzen See zu machen.

Die Route verlässt Schwarz geradeaus. Den Radtafeln immer folgend, biegen Sie nach dem Dorf rechts in einen Feldweg nach Mirow ein. Sie kehren so zum Ausgangspunkt zurück und treffen vorher wieder auf die Töpferstraße. Ab Schwarz können Sie auch eine Alternativroute nach Mirow auf einer ruhigen Nebenstraße wählen, indem Sie ihr ab dem Dorf geradeaus nach Starsow folgen. Kurz vor Mirow beginnt dann ein separater Radweg. Über die in den 1930er-Jahren angelegte Mirower Schleuse kehren Sie auf der Alternativroute nach Mirow zurück. Die Radroute geht bei der Schleuse geradeaus weiter und nach den Häusern rechts auf einem sicheren Weg ins Zentrum. Hier weisen Sie Tafeln zur Schlossinsel mit ihrem royalen Ensemble, die Mirow bis weit über die Landesgrenzen hinaus bekannt gemacht hat.

Tipp

Auf diversen Radkarten ist ein Radweg von Mirow nach Fleeth entlang des Zotzensees, des Mössensees und zweier Naturcampings am Ufer eingezeichnet, von dem wir wegen der aktuellen Beschaffenheit allerdings abraten möchten. Wanderer haben mit dem naturbelassenen Weg weniger Probleme.

Schlossinsel Mirow Durch das Renaissancetorhaus betritt man die Insel. Es stammt von 1588, ist das älteste Bauwerk und war Teil eines Befestigungssystems um die Insel. Nach dem Tor führt links ein Weg zur Johanniterkirche mit Fürstengruft, nach rechts geht es zur Liebesinsel mit einem Bänkchen zum Ausruhen, zum Residenzschloss und dem Kavaliershaus. Von außen wirkt das 1709 erbaute Schloss eher schlicht, die Innenausstattung in Barock und Rokoko übertrifft aber alle Erwartungen. Schloss Mirow ist nur mit Führung zu besichtigen. Im Kavaliershaus ist die Touristeninformation untergebracht. Und hinter der Kirche versteckt sich die Alte Schlossbrauerei, ein optimaler Ort zum Abschluss der Tour.

Bootsanlegestelle im Mirower See bei der Schlossinsel in Mirow

15

Zum Plätlinsee

Durch sanft gewellte Landschaft

Mittel | 31 km | 3:00 Std.

Tourencharakter
Rundtour auf asphaltierten Nebenstraßen und Radwegen; kurze Abschnitte auf Forstwegen

Ausgangs-/Endpunkt
Parkplatz Bresebrink, Ecke Mirower Chausee (B 198), Wesenberg

GPS-Daten
53.280028, 12.966500

Anfahrt
Auto: Wesenberg liegt an der B 198 und der B 122. Die Autobahn A 19 ist etwa 40 km entfernt.
Bus: Linie der Kleinseenbusse ab u. a. Mirow und Neustrelitz
Bahn: Regionalbahn ab Mirow und Neustrelitz

Karte
ADFC-Regionalkarte 1:75 000, Mecklenburgische Seenplatte

Kombinierbar mit
Tour 13

Einkehr
Wesenberg: Biergarten am Hafen, www.altes-hospital.de
Seewalde: Bistro im Gutshof, seewalde.de/laden-und-bistro
Strasen: Hotel-Restaurant Zum Löwen, www.loewenhotel.de/restaurant;
Ahrensberg: Imbiss Beim Fischer bei der Ahrensberger Hausbrücke

Diese Radrunde führt durch die stille Seenlandschaft südlich des Kleinstädtchens Wesenberg, die auch eine leicht hügelige Seite kennt. Auf halber Strecke wartet das Naturschutzgebiet Plätlinsee mit kleinen Badestellen und einem besonderen Ort am Wegesrand: die historische Ahrensberger Hausbrücke.

Hügelige Etappe Am Parkplatz Bresebrink im Wesenberger Zentrum beginnt diese Rundroute. Sie folgen der Bundesstraße auf dem begleitenden Radweg nach rechts bis zur zweiten Ampel. Hier überqueren Sie die Bundesstraße und folgen auf dem Drosedower Weg der Großen Mirower Seerunde Richtung Drosedow. Die erste Etappe verläuft im leichten Auf und Ab zwischen Waldstücken sowie Korn- und Maisfeldern im Uferbereich des Krummer Woklowsees. Nach etwa sechs Kilometern versteckt sich im Grünen Schloss Drosedow mit gepflegtem

Rastplatz im Nationalpark Müritz bei Wesenberg

Park, das 1904 als Jagdschloss Sankt Hubertus erbaut wurde. Heute sind im Schloss Ferienzimmer untergebracht. Sie durchqueren die Siedlungen Drosedow und nach etwa zwei Kilometern Seewalde, wo die Uhren sich scheinbar langsamer drehen. Kurz nach Seewalde bietet sich von der Brücke ein schöner Blick auf den unberührten, etwa 3,5 Kilometer langen und rund einen Kilometer breiten Gobenowsee an der rechten und dem kleineren Klenzsee an der linken Seite. Die Route erreicht nach dem Wald schließlich die Bundesstraße, wo Sie sich rechts Richtung Canow halten. Nach wenigen Pedaltritten überqueren Sie die Bundesstraße nach links und es geht weiter auf einem Waldweg. Die Tour führt dann nach links und im Zickzack durch den Wald und

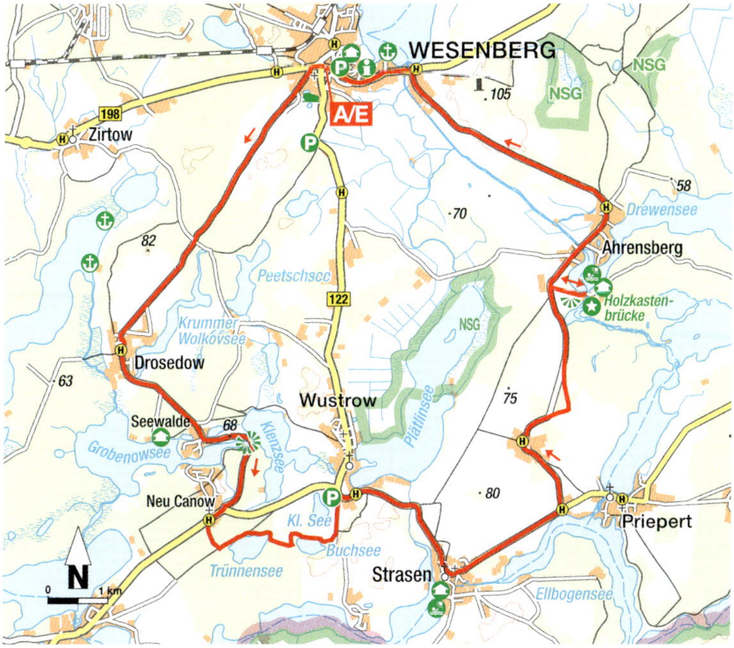

Mit dem Kanu unterwegs auf dem Gobenowsee

Zu Gast bei Jägern

Im Restaurant des Hotels Löwenhof kann man sich kulinarisch verwöhnen lassen mit deftigen Gerichten aus der regionalen Küche, täglich frischem Fisch, Vegetarischem und saisonal bedingten Wildgerichten. Dazu gemischte Salate der Saison.

am Ufer des Trünnensees und Buchsees entlang Richtung Strasen und Wustrow. Auf diesem Abschnitt müssen Sie auch mal ordentlich in die Pedale treten. Folgen Sie dabei den Ausschilderungen des Havel-Radwegs, damit umgehen Sie die schmale und stark befahrene Bundesstraße.

Am Plätlinsee Sie radeln nicht nach Wustrow hinein, sondern folgen der Radtafel nach rechts und radeln auf der Nebenstraße Richtung Strasen. Bald ist das Südufer des Plätlinsees erreicht, der sich malerisch vor den Toren von Wustrow erstreckt. Hier führen einige Pfade durchs Grün zu Anlegestellen und kleineren Badestränden. Der Rest des Sees, etwa zwei Drittel samt Uferbereich, ist als Naturschutzgebiet Nordufer Plätlinsee geschützt. In Strasen, am Ufer des Großen Flakes gelegen, schwenken Sie nach links auf die Landstraße Richtung Priepert. Falls Sie Lust haben, können Sie im Ortszentrum im hübschen Ferienhof Tante Polly ein Kanu mieten und für kurze Zeit das Rad gegen ein Boot eintauschen, um die Landschaft auch mal aus einer anderen Perspektive zu sehen.

Historische Holzkastenbrücke in Ahrensberg

Wasserwanderrastplatz am Drewersee

Hausbrücke Ahrensberg Ab dem Ortsrand folgt eine schöne Strecke durch abwechslungsreiche Landschaft entlang des Ellbogensees. Sie lassen Priepert rechts liegen und radeln links über Hartenland nach Ahrensberg weiter. Kurz vor Ahrensberg weist ein Schild Sie rechts zur 650 Meter entfernten Ahrensberger Hausbrücke. Die wunderschöne, denkmalgeschützte Holzbrücke ist fast 100 Jahre alt und die einzige noch erhaltene in Norddeutschland. Die malerische Brücke überspannt die Havel, und es ist dem Imbiss der Wesenberger Fischerei am Ufer mit zu verdanken, dass die Ahrensberger Hausbrücke heute ein äußerst beliebter Zwischenstopp für Radler und Wasserwanderer ist. Hier sollte man sich Zeit nehmen, um die Schönheit und Stille der Landschaft am Drewen- und Finowsee zu genießen.

Unten: Kurzer Anstieg zur Wesenberger Burg

Ganz unten: Radstreifen auf der sonst holprigen Straße in Wesenberg

Letzte Etappe Nach der Pause radeln Sie zurück zur Landstraße und rechts weiter nach Ahrensberg. Sie durchqueren das Dorf mit einer beachtenswerten Fachwerkkirche geradeaus. Die letzte Etappe führt nochmals durch sanft gewellte Landschaft und bietet manchmal schöne Fernsichten. Nach wenigen Kilometern stoßen Sie auf die Bundesstraße, wo Sie auf dem Radweg nach links die Havel überqueren und den Parkplatz wieder erreichen. Die Wesenberger Burg begrüßt Sie von Weitem und lädt zur Besichtigung ein. Im Biergarten unterhalb der Festung oder im Restaurant Zur Burg am Markt im Ortszentrum können Sie den Tag ausklingen lassen.

16 Ins Havelquellgebiet

Im wilden Osten des Müritz-Nationalparks

Mittel | 44 km | 3:30 Std.

Tourencharakter
Etappe auf asphaltierten Nebenstraßen, Radwegen und befestigten Kieswegen

Ausgangspunkt
Parkplatz Useriner Straße 3, Neustrelitz

Endpunkt
Bahnhof Kratzeburg

GPS-Daten
53.361000, 13.052167

Anfahrt
Auto: Über die B 96, B 193 oder die A 20 (ca. 38 km entfernt)
Bahn: Mit dem IC/ICE aus vielen deutschen Städten und der Regionalbahn aus größeren Orten in der Umgebung

Karte
ADFC-Regionalkarte 1:75 000, Mecklenburgische Seenplatte

Kombinierbar mit
Tour 17 und 18

Einkehr
Userin: Useriner Mühle, Imbiss Seeblick
Blankenförde: Gaststätte Räucherkate Am Hexenwäldchen, hexenwaeldchen.de
Granzin: Havelkrug, havelkrug-granzin.jimdofree.com
Kratzeburg: Hof Lütte Meierie, luette-meierie.de
Neustrelitz: Restaurant Bootshaus, www.bootshaus-neustrelitz.de

Der Müritz-Nationalpark setzt mit seinem Netzwerk an Radwegen den Radwanderern kaum Grenzen. Auch im Osten des Naturschutzgebiets lässt sich das Seenland hervorragend per pedes entdecken. Diese Radtour führt vom Zierker See in Neustrelitz quer durch den Nationalpark ins Havelquellgebiet.

Start am Zierker See Die Radtour beginnt am Parkplatz des Neustrelitzer Jachthafens, in der Nähe des beeindruckenden Schlossgartens. Sie lassen die Parkanlage und das Stadtzentrum zunächst aus und folgen dem Uferweg nach links. Die Route führt Sie am etwa eineinhalb Meter tiefen Zierker See entlang, teils parallel an alten Gleisen und durch eine schöne Allee zum Slawendorf. Hinter dem Palisadenzaun versteckt sich dieses Freilichtmuseum, das auf lebendige Weise die slawische Geschichte der Region zeigt. Sie können hier durch ein originalgetreu nachgebautes Dorf spazieren, aktiv bei Vorführungen

Strandbad am Useriner See nahe Userin

alten Handwerks mitmachen und auf einem slawischen Ruderboot mitfahren.
Nach dem Freilichtmuseum taucht die Radroute in den Wald ein. Sie erreichen eine Landstraße, auf die Sie nach rechts Richtung Userin einbiegen. Der Useriner See ist das nächste Ziel der ersten Etappe.

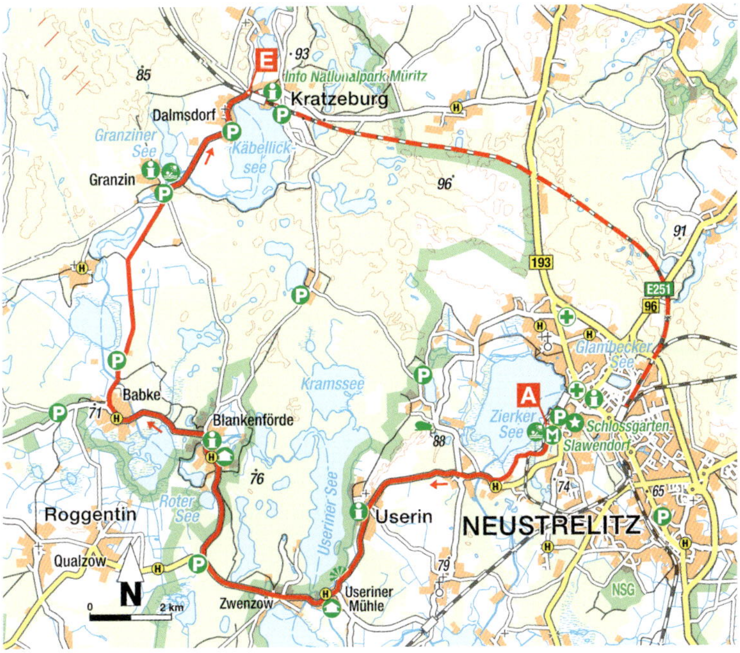

Am Useriner See Userin liegt am Ufer des gleichnamigen Sees und am Ostrand des Müritz-Nationalparks. Sie durchqueren das Feriendorf und setzen die Tour Richtung Nationalpark fort. Sie können aber in Userin abzweigen und zur Dorfkirche radeln, so gelangen Sie hinter der Kirche an den Useriner See. Hier verstecken sich eine Anlegestelle und ein netter, kleiner Badestrand. Eine weitere Badestelle erwartet Sie etwas später auf der Radroute in Useriner Mühle unterhalb des Restaurants Seeblick. Die schöne

Radelpause am Granziner See

Rechte Seite oben: Lohnenswerter Stopp zum Einkehren: der Havelkrug in Granzin

Rechte Seite unten: Kleiner Jachthafen im Zierker See bei Neustrelitz

Aussicht von der Terrasse aus auf den Useriner See und die leckeren Fischbrötchen sind schon Anlass für eine erste Pause.

Auf dem Havel-Radweg Sie verlassen den Useriner See und überqueren gleich den Havelkanal. Die Havel wird Sie auf der nächsten Etappe öfters begleiten. Links blicken Sie auf das schimmernde Wasser des Großen Labussees mit dem Nationalparkdorf Zwenzow. Die Route verläuft weiter geradeaus auf dem separaten Radweg entlang der Landstraße und durch waldreiches Gebiet. Sie folgen jetzt einer Etappe des Havel-Radwegs. Der gut ausgeschilderte Radfernweg führt nach wenigen Kilometern rechts auf eine Nebenstraße in das Nationalparkdorf Blankenförde, eine schöne ruhige Waldstrecke entlang des Roten Sees. Am Anfang des Dorfs begrüßt Sie die urige Gaststätte Räucherkate Am Hexenwäldchen, die sich für einen Stopp bestens eignet.

Blankenförde hat sich dank seiner Lage am Eingang des Müritz-Nationalparks und am Ufer der Oberen Havel zu einem kleinen Ferienort entwickelt. Sie durchqueren das Dorf, halten sich dann links Richtung Babke und überqueren unterwegs die Havel und den Havelbach. Babke ist ein weiteres Nationalparkdorf und überrascht mit herausgeputzten Häuschen und einer schmucken backsteinernen Dorfkirche. Sie durchqueren das verträumte Dorf geradeaus und halten sich an die Beschilderung Eingang Müritz-Nationalpark Granzin. Sie verlassen mit einer Rechtskurve Babke und folgen nun weiter dem Havel-Radweg. Wald und Wiesen, Moor und Schilf wechseln sich auf den nächsten Kilometern ab. Nach leichtem Auf und Ab lassen Sie das Rad nach Granzin rollen, wo die gemütliche Restaurant-Pizzeria Havelkrug zum Einkehren einlädt.

Der Granziner See ist beliebt bei Wassersportlern.

Letzte Etappe Granzin ist ein beschaulicher kleiner Ort am Ufer des Granziner Sees. Nehmen Sie sich ein paar Minuten Zeit für eine kleine Runde durch das Dorf, vorbei an wunderschönen alten Häusern, der historischen Dorfkirche und der Havel. Der bekannte Fluss zeigt hier bescheidene Maße, wie eigentlich auf der gesamten Route. Zum Schluss ist am Seeufer, hinter dem Restaurant Havelkrug, noch eine Badestelle, wo Sie sich vor der Weiterfahrt noch kurz erfrischen können.

Nach Granzin verlassen Sie den Müritz-Nationalpark und Sie durchqueren Dalmsdorf mit einigen typischen Dreiseithöfen. Eine Informationstafel erzählt von der Geschichte des Dorfs und dem Baustil der Höfe. Der Endpunkt Kratzeburg ist jetzt bald erreicht. Der Ort an der Havel entstand bereits im 13. Jahrhundert und ist umringt von kleinen Seen.

Die Schlosskirche in Neustrelitz

Eine schöne Fachwerkkirche von 1786 mit sehenswerter Ausstattung prägt das Ortsbild. Kratzeburg liegt mitten im Havelquellgebiet und ist heute ein beliebtes Ausflugsziel für Wanderer, Radfahrer und Wasserwanderer. Mit der Regionalbahn sind Sie schnell wieder zurück in Neustrelitz.

Streiftour durch Neustrelitz Vom Hauptbahnhof in Neustrelitz geht es durch die Augustastraße und anschließend durch die Bruchstraße direkt zum großen, fast kreisrunden Marktplatz. Es ist der Mittelpunkt der Stadt mit dem Rathaus aus der Mitte des 19. Jahrhunderts an der Ostseite und der Stadtkirche an der Nordseite des Platzes. Der markante viereckige Turm der Kirche kann bestiegen werden. In einer Höhe von 45 Metern bietet sich denn auch ein grandioser Panoramablick über die Stadt und den Zierker See. Gegenüber der Stadtkirche führt die Schloßstraße direkt zum weitläufigen, im Barockstil angelegten Schlossgarten mit Springbrunnen, Tempeln, Gedächtnishalle und Alleen mit allegorischen Figuren und Skulpturen antiker Götter. Wo die Schloßstraße auf den Garten trifft, steht die klassizistische Orangerie von 1755, die in den 1840er-Jahren zum Gartensalon umgebaut wurde. Einige Meter links davon erhebt sich die neugotische Schlosskirche aus der Mitte des 19. Jahrhunderts. Das Schloss selbst ist nicht mehr vorhanden. In den Nebengebäuden sind unter anderem das Landestheater, Standesamt und Straßenbauamt untergebracht. Nach der Wende erwarb das Land Mecklenburg-Vorpommern die gesamte Anlage, die ab 2007 in einer umfassenden Renovierung wieder ihren alten Glanz erhielt.

Mit dem Rad an der Hand können Sie durch den Schlossgarten Richtung See gehen. Am Hebetempel halten Sie sich nach links. So kommen Sie wieder zum Parkplatz zurück und, wenn noch Lust und Zeit vorhanden sind, zum Luisentempel, der sich ein paar Meter weiter geradeaus befindet. Beim Parkplatz geht es rechts zum Restaurant Bootshaus am Zierker See für einen gemütlichen, kulinarischen Abschluss der Radrunde.

Linke Seite oben: In Kratzeburg wurde wegen der historischen Pflasterstraße ein Radstreifen angelegt.

Historisches in Neustrelitz: die Orangerie (unten) und der gepflegte Schlosspark (ganz unten)

Mit dem Zug retour

Von Kratzeburg gibt es mehrmals täglich eine Direktverbindung mit der Bahn nach Neustrelitz. Die Fahrt dauert etwa 10 Minuten. Sie können die Rückfahrt aber auch mit dem Rad machen. Die Strecke beträgt etwa 12 km und beginnt beim Campingplatz Naturfreund.

17

Um die Havelquellseen

Magische Orte entdecken

Leicht	22 km	2:00 Std.

Tourencharakter
Rundtour auf asphaltierten Nebenstraßen und befestigten Radwegen

Ausgangs-/Endpunkt
Parkplatz am Bahnhof in Kratzeburg

GPS-Daten
53.427972, 12.941889

Anfahrt
Auto: B 193 Ausfahrt Adamsdorf/Kratzeburg (ca. 8 km)
Bahn: Regionalbahn u. a. ab Rostock, Neustrelitz und Fürstenberg a. d. Havel

Karte
ADFC-Regionalkarte 1:75 000, Mecklenburgische Seenplatte

Kombinierbar mit
Tour 16 und 18

Einkehr
Ankershagen: Bistro in der Scheune neben dem Schliemann-Museum, www.schliemann-museum.de; Restaurant im Gasthof Linde, www.gasthoflinde-ankershagen.de
Kratzeburg: Hof Lütte Meierie, luette-meierie.de

Im Müritz-Nationalpark versteckt sich die Quelle der Havel – am Ursprung nur ein Bach, der sich auf seinem Weg durch Mecklenburg aus mehreren Seen speist. Diese Radtour führt an den magischen Ursprung des Flusses und macht eine Runde um die Havelquellseen. Das Schliemann-Museum in Ankershagen ist ein weiterer magischer Ort.

Auf nach Pieverstorf Die Havel durchfließt Kratzeburg, den Ausgangspunkt dieser Radtour. Vom Bahnhofsparkplatz radeln Sie zur Dorfstraße, der Sie nach rechts folgen. Kurze Zeit später überqueren Sie die Havel. An der Dorfstraße, einer alten Handelsstraße, reihen sich einige interessante Sehenswürdigkeiten aneinander. An erster Stelle steht die bezaubernde Fachwerkkirche von 1786. Wenn die Kirche offen ist, sollten Sie einen kurzen

Radwanderer auf dem Radweg um die Havelquellseen

Blick auf die Innenausstattung mit dem barocken Kanzelaltar werfen. Die Orgel ist jüngeren Datums und stammt von 1992. Der Kirche folgt an zweiter Stelle der ehemalige Schlossberg. Seine Höhe und Form sind noch gut auszumachen. Heute ist die Erhebung ein archäologisches Denkmal und eine Tafel erläutert die Geschichte des Orts und dessen mittelalterlicher Burg. An der gleichen Straße befindet sich auch das Informationszentrum des Nationalparks, das Kratzeburger Flatterhus, wo eine Ausstellung über Fledermäuse zu besichtigen ist. Nette Einkehrmöglichkeiten säumen die Dorfstraße und verlocken zu Fischbrötchen, Kaffee und Kuchen, aber zuerst wird in die Pedale getreten.

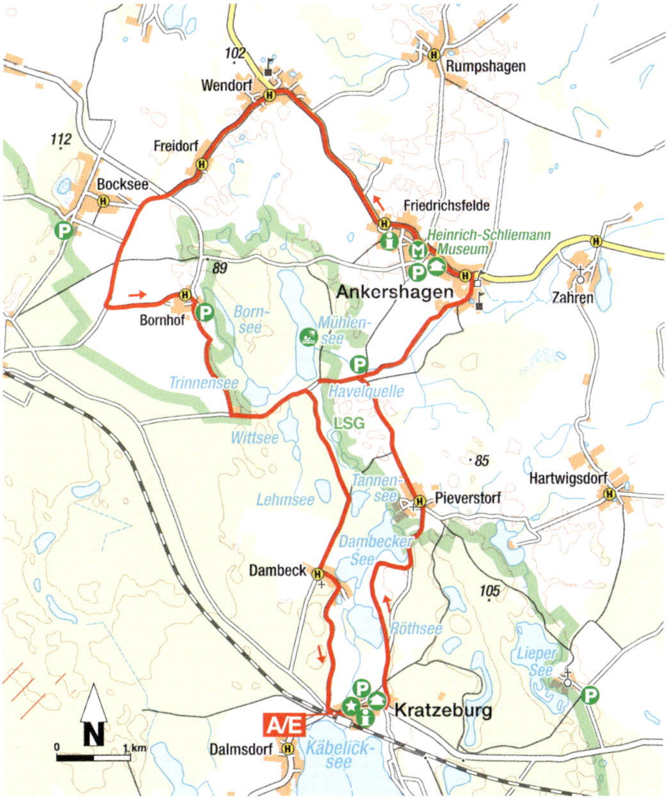

Idyllisch gelegen: der Dambecker See

Rastplatz an der Havelquelle in Ankershagen

Von der Dorfstraße biegen Sie entweder bei der Kirche oder später am Ortsrand bei der Gabelung nach links auf die Nebenstraße ein und folgen dabei der Ausschilderung nach Pieverstorf und dem blauen Logo des Havel-Radwegs. Sie radeln vorbei an Wiesen und erblicken kurz nach Kratzeburg den Röthsee, den ersten Havelquellsee an der Route. Im leichten Auf und Ab geht es weiter über die bewaldeten, bis zu 100 Meter hohen Pieverstorfer Berge nach Pieverstorf.

Zur Havelquelle Pieverstorf ist ein stilles Dorf mit einigen Ferienunterkünften am Nordostufer des Dambecker Sees, dem nächsten Havelquellsee an der Radtour. Ein Abstecher im Ortszentrum führt nach links ans Seeufer, wo sich ein Gutspark und eine kleine Badestelle erstrecken. Auf einer wunderschönen Allee verlassen Sie Pieverstorf in Richtung Ankershagen und Havelquelle. Auch auf dieser Strecke erwarten Sie Stille, Natur und leichte An- und Abstiege. Sie stoßen auf die Reste einer alten Mühle, schwenken links zum Parkplatz und radeln geradeaus auf dem Sandweg zur Havelquelle. Am Ende des Sandwegs geht es nach links zur Havelquelle, die sich lediglich einen Katzensprung entfernt befindet und durch einen Stein mit Inschrift gekennzeichnet ist. Nach rechts gelangen Sie zu einer idyllischen Badestelle am sonst unzugänglichen Mühlensee.

Nach dem Abstecher zur Havelquelle wieder zurück bei der alten Mühle, geht es nun geradeaus auf der Nebenstraße und im Uferbereich des Mühlenbachs nach Ankershagen.

Badestelle am Mühlensee nahe der Havelquelle

Ankershagen und retour Blickfang am Ortsbeginn sind das Gutshaus Ankershagen und oberhalb davon gelegen die Mauerreste der Burg Ankershagen. An der T-Kreuzung halten Sie sich links und radeln geradeaus bis zur Dorfkirche, wo sich gegenüber das Heinrich-Schliemann-Museum befindet. Ein trojanisches Pferd macht auf das im ehemaligen, im Fachwerkstil errichteten Pfarrhaus untergebrachte Museum aufmerksam.

Das kleine Museumsbistro in der Scheune nebenan ist besonders bei Radfahrern und Wanderern beliebt und auf dieser Route der perfekte Platz für eine Pause. Nach dem Museum setzen Sie die Tour auf der Nebenstraße fort und folgen dabei dem Havel-Radweg nach Waren an der Müritz. Die Radtafeln leiten Sie über Friedrichsfelde nach Wendorf und dort nach links auf die Freidorfer Straße. An der Kreuzung nach Freidorf verlassen Sie den Havel-Radweg links nach Bornhof, gelegen am schönen Bornsee. Sie folgen hier nach rechts dem Müritz-Nationalparkweg, erkennbar am blauen »M«. Den Tafeln nun immer folgend, gelangen Sie durch den Nationalpark und um die Havelquellseen zurück nach Kratzeburg.

Heinrich-Schliemann-Museum

Klein, aber fein, so kann man kurz das Schliemann-Museum in Ankershagen umschreiben, aber mit einer Führung erwecken die kleinen Ausstellungsstücke den großen Entdeckergeist des Archäologen Heinrich Schliemanns, des Entdeckers von Troja (www.schliemann-museum.de).

Schliemann-Museum in Ankershagen

18 Um den Zotzensee

Durchs Herz des Müritz-Nationalparks

Leicht | 26 km | 2:00 Std.

Tourencharakter
Rundtour auf asphaltierten Nebenstraßen und Radwegen

Ausgangs-/Endpunkt
Parkplatz beim Kratzeburger Bahnhof

GPS-Daten
53.427972, 12.941889

Anfahrt
Auto: Über die B 193 oder die A 20 über Neubrandenburg (ca. 42 km)
Bahn: Regionalbahn ab u. a. Rostock, Stralsund, Neustrelitz und Fürstenberg an der Havel

Karte
ADFC-Regionalkarte 1:75 000, Mecklenburgische Seenplatte

Kombinierbar mit
Tour 16 und 17

Einkehr
Granzin: Restaurant Havelkrug, www.havelkrug.de
Zietlitz: Imbiss Paddel-Paul, www.paddel-paul.de
Kratzeburg: Lütte Meierie, luette-meierie.de

Diese Radrunde macht mit dem zentralen Teil des Müritz-Nationalparks bekannt und führt durch eine abwechslungsreiche, hin und wieder sanft gewellte Wald- und Wiesenlandschaft. Idyllische Seen, beschauliche Nationalparkdörfer und eine Handvoll Einkehrmöglichkeiten säumen den Radweg.

Nach Granzin Kratzeburg liegt an der Havel inmitten des Havelquellgebiets und am Rande des Müritz-Nationalparks. Der Ort mit einigen hübschen Fachwerkhäusern und einer sehenswerten Fachwerkkirche hat viel Charme und ist ein guter Ausgangspunkt für verschiedene Rad- und Wanderrouten. Vom Bahnhof in Kratzeburg radeln Sie zur Dorfstraße, wo Sie auf den bekannten Havel-Radweg einsteigen. Sie folgen dem beliebten und bestens ausgeschilderten Radweg links nach Granzin über Dalmsdorf am Westufer des Käbelicksees, das von traditionellen Dreiseithöfen geprägt wird.

Geschützte Uferzone des Käbelicksees

Granzin liegt bereits innerhalb der Grenze des Müritz-Nationalparks. Eine Tafel am Wegrand heißt Sie willkommen im Naturschutzgebiet beim Restaurant Havelkrug, einem beliebten Radlerstopp am Ortsrand von Granzin. Die nette, gut besuchte Terrasse spricht für sich und ist nicht zu übersehen. Es lohnt sich, einen Abstecher nach rechts ins Dorf zu machen. Sie über-

Kreativer Ort mit Café: der Granziner Töpferhof

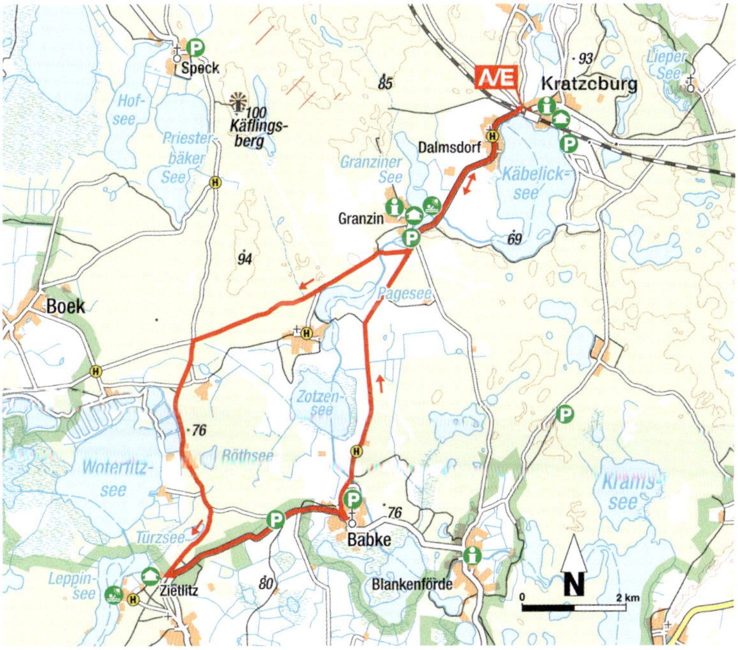

Granziner Töpferhof

Der Granziner Töpferhof steht ganz im Zeichen des Buchstabens »K«: Keramik, Kunst, Konzerte, Kaffee, Kuchen, Kanu- und Kajakverleih und last, but not least Kurse für Einsteiger oder Fortgeschrittene zum Töpfern unter fachkundiger Leitung (toepferhof-steuer.de).

Naturoase Papelsee

Granziner Eingang in den Nationalpark Müritz

queren dabei die Havel, wo Wasserwanderer ihre Kanus und Kajaks zu Wasser lassen, und kommen danach ins gepflegte Angerdorf mit schmucken Häusern und einer backsteinernen Dorfkirche. Der Töpferhof Steuer mit dazugehörigem Café ist ebenfalls einen Besuch wert. Auf dem alten Hof im Dorfkern wird sorgfältig gearbeitete Keramik angeboten.
Falls Sie keinen Abstecher machen möchten, radeln Sie beim Havelkrug einfach geradeaus auf der Straße weiter durch den Wald Richtung Boek. Nach etwa 6,5 Kilometern biegen Sie an der Kreuzung links Richtung Mirow ab. Auf halber Strecke streifen Sie das Nordwestufer des Pagelsees, wo es beim Parkplatz einen Zugang zum sonst bewaldeten Ufer gibt.

An der Seenkette Die Route führt ab der Kreuzung über die Siedlung Zartwitz und am Ostufer des Woterfitzsees entlang. Die Uferzone ist typisches Fischerland, geprägt von Fischteichen der Müritzfischer. Wasservögel, darunter auch der seltene Seeadler, lassen sich hier bei der Nahrungssuche bestens beobachten. Ein Fernglas sollte dabei nicht fehlen. Der Woterfitzsee ist Teil einer Seenkette, die sich in südlicher Richtung erstreckt und zusätzlich vom Leppinsee, Mössel, Großen und Kleinen Kotzower See, Granzower Möschen und schließlich vom Mirower See gebildet wird. Nicht nur Radfahrer und Wanderer, sondern auch Wasserwanderer schätzen dieses stille Seenland. Kurze Stichwege führen unterwegs hin und wieder zu den Ufern. Lohnenswert ist der Abstecher zum idyllischen Leppinsee. An der Kreuzung nach der Siedlung Zietlitz gelangen Sie rechts zum Leppiner Seeufer mit Imbissbude und Rastplatz, bestens geeignet für einen Zwischenstopp.

Über Babke retour Vom Leppiner Seeufer radeln Sie zurück zur Kreuzung und geradeaus weiter Richtung Schillersdorf. Sie gelangen bald nach der Kreuzung an einen Parkplatz, wo Sie links auf eine leicht ansteigende Nebenstraße nach Babke abbiegen. Der Wald macht auf dieser Strecke nun Platz für Wiesen und Felder.

Das Nationalpark- und Feriendorf Babke ist ein malerischer Ort mit hübschen Häuschen und einer alte backsteinernen Dorfkirche. Im Dorf halten Sie sich links und Sie folgen den Radtafeln Richtung Granzin.

Die nächste Etappe führt im Auf und Ab am Zotzensee, später am Pagelsee entlang, quer durch das Herz des Müritz-Nationalparks zurück nach Granzin. Hier treffen Sie wieder auf das Restaurant Havelkrug und haben die Möglichkeit zu einem kurzen Badestopp am Granziner See, bevor es auf dem gleichen Weg wieder retour nach Kratzeburg geht. Wenn noch Zeit und Lust vorhanden sind, dann folgen Sie in Kratzeburg der Dorfstraße bis zur Lütte Meierie, einem Bauernhof mit Einkehrmöglichkeit, wo Sie mit Kaffee, hausgemachten Kuchen, regionalen Gerichten und Produkten vom Hof den Tag ausklingen lassen können.

Ortsdurchfahrt von Granzin

Fachwerkkirche von Kratzeburg

Einkehren im Hof Lütte Meierie, Kratzeburg

19

Um Tollensesee und Lieps

Abseits der Touristenströme

Schwer | 37 km | 3:30 Std.

Tourencharakter
Rundtour auf asphaltierten Nebenstraßen und Radwegen sowie Kies- und Forstwegen

Ausgangs-/Endpunkt
Parkplatz Oehlmühlenstraße 3, Broda, Neubrandenburg

GPS-Daten
53.550361, 13.236750

Anfahrt
Auto: A20 Ausfahrt Neubrandenburg-Ost, dann auf der B96 und der B104 weiter
Bahn: Regionalbahn aus vielen Orten und Kleinstädten in der Umgebung

Karte
ADFC-Regionalkarte 1:75000, Mecklenburgische Seenplatte

Einkehr
Neubrandenburg: Seerestaurant Augusta's, www.augustas-nb.de
Alt Rehse: Bistro Alt Rehse im Dorfzentrum

Eine traumhafte Radrunde erwartet Sie hier durch das Landschaftsschutzgebiet Tollensebecken. Es ist ein abwechslungsreiches Seen- und Hügelland rund um den Tollensesee, der sich südlich vor den Toren von Neubrandenburg ausstreckt. Mit einigen Steigungen müssen Sie rechnen.

Neubrandenburgs Kurpark Sie beginnen diese Radrunde am Parkplatz in der Oelmühlenstraße nahe dem Strandbad Broda und radeln zur Seestraße, die Sie rechts zum See hinunterbringt. An der Gabelung mit dem ersten Blick auf das Gewässer geht es links weiter. Am Ufer steigen Sie auf den Tollensesee-Radrundweg ein. Der Radtafel folgen Sie nach links am Strandbad Broda vorbei und immer am Nordufer entlang. Genießen Sie die herrlichen Ausblicke auf den rund 18 Kilometer langen und

Rechte Seite: Strandbad Broda bei Neubrandenburg

Bootsanleger und Badestelle am Ufer des Tollensesees

10 Kilometer breiten See. Die Uferzone um Neubrandenburg ist ein gepflegtes Naherholungsgebiet mit Rad- und Wanderwegen, Themengärten, Spielplätzen, Tiergehege, Bootsverleiher, Einkehrmöglichkeiten und Kunstwerken. Sie ignorieren die Ausschilderung Richtung Neubrandenburg-Zentrum, denn die Stadtbesichtigung heben Sie sich besser zum Abschluss auf. Sie bleiben am Ufer, schieben das Rad über die gebogene, etwas steile Oberbachbrücke und kommen so in den Kulturpark. Aus dem einst sumpfigen Gelände wurde ab den 1830er-Jahren allmählich ein Park für die Stadtbewohner angelegt. Sie durchqueren den Kulturpark und umrunden da-

Asphalt unter den Rädern auf dem Radweg im Tollensetal

bei den Norden des Sees Richtung Klein Nemerow. Der Radweg führt am Jachthafen Neubrandenburgs und am beliebten Augustabad am Ostufer des Sees vorbei.

Anstiege und Abfahrten Nach dem Augustabad rücken langsam Hügel ans Ufer heran. Links oberhalb des Radwegs zwischen den Bäumen ist der backsteinerne Aussichtsturm Behmshöhe sichtbar. Wer den Aufstieg nicht scheut, der wird mit einem

Strandbad Augustabad in Neubrandenburg

360-Grad-Panoramablick belohnt. Vom Parkplatz des Bads sind es etwa 500 Meter entlang der Durchfahrtsstraße, von der es dann nach rechts zum Aussichtsturm inmitten des Nemerower Holzes geht. Der Wald war in den Jahrzehnten nach dem Zweiten Weltkrieg militärische Sperrzone. Während dieser Periode wurde der Turm vernachlässigt und er verfiel immer mehr. Am Beginn der 1990er-Jahre wurde der Turm schließlich in die Liste der Baudenkmäler von Mecklenburg-Vorpommern aufgenommen. 1995 folgte seine vollständige Restaurierung und der 34 Meter hohe Aussichtsturm ist seitdem wieder für Publikum von Mitte April bis Mitte November täglich von 9 bis 18 Uhr geöffnet.
Nach dem eventuellen Abstecher zum Turm wieder zurück am Ufer, verläuft die Route weiter durch den Wald immer im Uferbereich. Nach etwa sechs Kilometern leiten Sie die Radtafeln im Zickzack durch den idyllischen Ferienort Klein Nemerow, vorbei an der Ruine einer mittelalterlichen Klosterscheune des Johanniterordens. Mit ordentlichen Steigungen geht es danach hoch, weg vom Ufer und zwischen Wiesen und Feldern hindurch über den Golfplatz Richtung Usadel. Die Route streift das weniger interessante Tollenseheim

Einkehr

Das Seerestaurant und Café Augusta's direkt am Sandstrand des Augustabads bietet regionale, gutbürgerliche Küche, Fischgerichte und deutsche Schmankerl sowie hausgemachten Kuchen, die auf der gemütlichen Terrasse mit Seeblick serviert werden.

Prillwitzer Jagdschloss am Südufer des Lieps

nur am Rande und verläuft nach dem Golfplatz links, dann rechts und kurz parallel zur Bundesstraße. Über Nonnenmühle gelangen Sie nach Usadel hinein in den östlichen Uferbereich des Lieps. Sie folgen den Radtafeln durch die Siedlung. Am Ortsrand geht die Route schräg rechts auf einem Wirtschaftsweg durch sanftes Hügelland weiter. Auf diesem Streckenabschnitt erwarten Sie noch einige An- und Abstiege, bis es allmählich wieder ans Ufer zurück und weiter nach Prillwitz geht. Das stille Dorf am Südwestufer des Lieps hat mit seinem Jagdschloss ein architektonisches Juwel. Das geschichtsträchtige Schloss von 1886 wurde ab 2012 vollständig restauriert und kann heute als Unterkunft gemietet werden. Der kleine See Lieps ist Naturschutzgebiet und der südlichste Punkt unserer Route. Wegen der sumpfigen Bodenbeschaffenheit bei Prillwitz führt der Radweg jetzt landeinwärts und im Bogen über Zippelow und Wustrow nach Alt Rehse am Südwestufer des Tollensesees.

Blick von der Eugen-Geinnitz-Sicht auf das Naturschutzgebiet Lieps

Fachwerkhäuser mit Reetdächern in Alt Rehse

Rechte Seite oben: Treptower Tor in Neubrandenburg

Rechte Seite unten: Historische Stadtmauer in Neubrandenburg

Am Westufer zurück Alt Rehse ist wegen seiner Architektur bestimmt das schönste Dorf am Tollensesee-Radrundweg. Hübsche reetgedeckte Fachwerkhäuser säumen die Dorfstraßen und die denkmalgeschützte Dorfkirche mit ihrem Fachwerkturm ist ein echter Hingucker. Am Dorfteich haben Sie die Möglichkeit, eine kurze Pause am hübschen Rastplatz einzulegen. Zum Einkehren ist das Bistro Alt Rehse eine gute Adresse. Sie durchqueren den Ort und kehren immer den Radtafeln folgend zurück ans Ufer des Tollensesees. Durch das Brodaer Holz und immer im Uferbereich radelnd, geht es auf geschwungenen Radwegen Richtung Neubrandenburg zurück. Kurz vor Broda passieren Sie noch das Belvedere. Das 1775 als Sommerresidenz errichtete Haus musste 1823 einem

Haus im Stil eines griechischen Tempels weichen. Nichtsdestotrotz blieb die Bedeutung des Belvederes, »Schöne Aussicht«, erhalten, wovon Sie sich selbst überzeugen können. Denn vom Belvedere hat man einen herrlichen Blick auf den Tollensesee.
Nachdem der Radweg den Wald verlassen hat, geht es links wieder zum Parkplatz zurück. Für einen Besuch Neubrandenburgs radeln Sie aber noch einmal ein Stück am Ufer und Strandbad Broda entlang und folgen der Beschilderung ins Zentrum, denn die Stadt hat einige besondere Sehenswürdigkeiten zu bieten.

Neubrandenburg Vor der Oberbachbrücke biegen Sie links ab. Sie folgen dann dem Oberbach bis zur Durchfahrtsstraße, wo es nach rechts durch das Treptower Tor ins Zentrum der Stadt geht. Es ist eines der vier Stadttore und Teil der mittelalterlichen Stadtmauer, die sich um den Stadtkern legt. Das Treptower Tor von 1400 ist mit einer Höhe von 32 Metern das höchste Stadttor und beherbergt heute eine Ausstellung zur regionalen Geschichte. Seine Architektur zeugt zudem vom Wohlstand der Stadt im Mittelalter.
Neben der beeindruckenden, vollständig erhaltenen Stadtbefestigung sind auch die Marienkirche, in der heute Konzerte abgehalten werden, und die Vierradmühle, die älteste Getreidemühle der Stadt, interessant, ebenso wie das Franziskanerkloster samt Johanniskirche und das Schauspielhaus, das in einem der letzten Fachwerkgebäude der Stadt untergebracht ist. In der Touristeninformation am Marktplatz gibt es einen Stadtplan für eine ausführliche Stadtbesichtigung.

FRISEUR

Mecklenburgische Schweiz und Nossentiner-Schwinzer Heide

Natur-Museum in der historischen Wassermühle von Goldberg (Tour 22) (o. li.). Dorfkirche im Zentrum von Krakow (Tour 23) (o. re.). Hübscher Rastplatz am Ufer des Schorssower Haussees (Tour 24) (u. re.). Neuer Markt in Waren an der Müritz (Tour 20) (u. li.).

20

Zum Tiefwarensee und Torgelower See

Stille und Natur

Mittel | 30 km | 3:00 Std.

Tourencharakter
Rundtour auf asphaltierten Nebenstraßen und Radwegen sowie Kieswegen im Uferbereich

Ausgangs-/Endpunkt
Parkplatz beim Amtsgericht, Zur Steinmole, Waren

GPS-Daten
53.517333, 12.680472

Anfahrt
Auto: Auf der B 192, die direkt am Parkplatz vorbeiführt
Bahn: Mit dem IC u. a. ab Berlin, Dresden und Rostock; mit dem Regional-Express (RE) u. a. ab Neustrelitz und Rostock
Schiff: Mit den regulären Schiffen der Weißen Flotte ab Rechlin-Nord, Röbel, Malchow und Klink

Karte
ADFC-Regionalkarte 1:75 000, Mecklenburgische Seenplatte

Kombinierbar mit
Tour 1, 2 und 4

Einkehr
Tiefwarensee: Restaurant Bellevue im Hotel Amsee, hotel-amsee.net
Groß Gievitz: Katjas Dörpsladen, Schulstraße 9

Die Ruhe des Torgelower Sees bietet einen reizvollen Kontrast zum beliebten Urlaubsziel Müritz. Diese Radrunde führt durch die von Feldern, Waldstücken und sanften Hügeln geprägte Landschaft nördlich von Waren, vorbei am herrlichen Tiefwarensee am Stadtrand, und umkreist den Torgelower See.

Am Tiefwarensee Mitten im lebhaften Urlaubsort Waren startet diese Runde. Sie radeln vom Parkplatz beim Amtsgericht zum Müritzeum, wo Sie links zur Altstadt abbiegen. Gleich vor dem Beginn der Fußgängerzone halten Sie sich wieder links. Sie radeln geradeaus durch den Radfahrer- und Fußgängertunnel, wobei Sie die Gleise unterqueren. An der anderen Seite des Tunnels biegen Sie rechts in die Straße Am Tiefwarensee ein. Beim Sportplatz steigen Sie dann auf den gut ausgeschilderten Tiefwarensee-Radweg ein. Die Route folgt dem Westufer

Kleine Badestelle am Westufer des Tiefwarensees

des Sees und führt durch ein beliebtes Wohnviertel und Naherholungsgebiet. Sehenswert an dieser ersten Etappe ist der Schaugarten am Tiefwarensee – ein kleiner, reizvoller botanischer Garten am Seeufer, der täglich geöffnet ist.

Nach dem Botanischen Garten erreichen Sie eine Badestelle und den Seebalkon, die beide zu einem altehrwürdigen Hotel gehören. Sie verlassen hier den Tiefwarensee und den Radweg. Der Radweg verläuft ab nun entlang der Nebenstraße geradeaus weiter nach Neu Falkenhagen.

Schloss Torgelow ist der Hingucker im gleichnamigen Ort.

Nach Torgelow am See Mit herrlichen Ausblicken in leicht geschwungener Landschaft erreichen Sie Jägerhof. Hier verläuft die Route links und gleich rechts durch den Wald weiter. An der Gabelung halten Sie sich links und nun immer den Radwegweisern folgend, gelangen Sie über Carlsruh nach Torgelow am See. Im Ort radeln Sie über die Lindenstraße geradeaus auf das Schloss Torgelow zu. Die imposante Anlage aus dem 19. Jahrhundert bildet den Mittelpunkt des kleinen Dorfs und hat eine schöne Lage direkt am Westufer des Sees. Heute ist im Schloss und in seinen Nebengebäuden eine internationale Schule mit Internat untergebracht. Radfahrern ist die Durchfahrt über das Schlossgelände gestattet. Sie durchqueren den Schlosspark geradeaus. Am Ufer nach rechts gelangen Sie außerhalb des Schlossgeländes

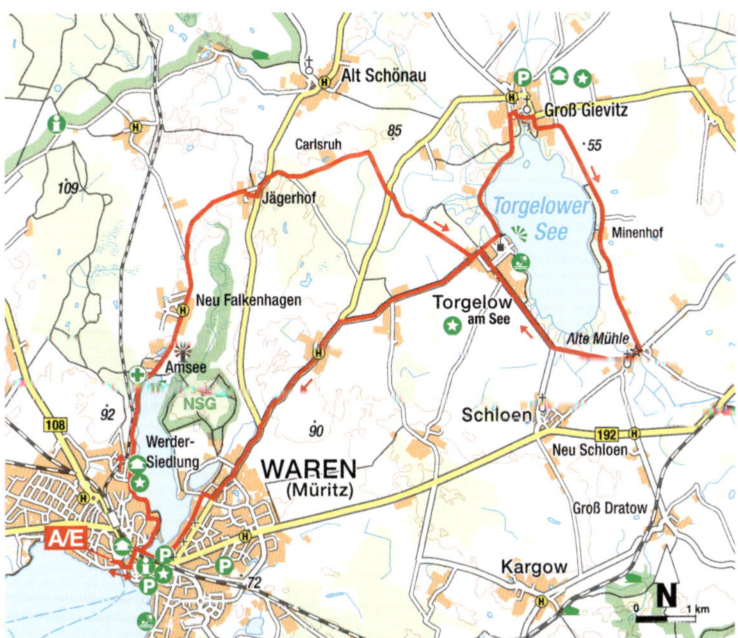

Badestelle mit Liegewiese in Torgelow am See

zu einer kleinen, versteckten Badestelle. Die Route geht aber im Schlossgarten links weiter.

Um den Torgelower See Über drei Kilometer lang und weniger als zwei Kilometer breit misst der Torgelower See – klein, aber fein. Der See und seine Uferzone sind Landschaftsschutzgebiet. Von Torgelow umkreisen Sie den ovalen See mit seinem flachen Ufer im Uhrzeigersinn. Vom Schloss führt der schattige Radweg immer in Ufernähe nach Groß Gievitz, das an der Nordseite des Torgelower Sees liegt. Auf dem Weg dorthin erblicken Sie die kleine Liebesinsel, wo sich gerne Kormorane und andere Wasservögel aufhalten.

In Groß Gievitz folgen Sie dem Radwegweiser nach rechts und Sie gelangen so mit einem Bogen ans Ostufer. Sehenswert in Groß Gievitz sind die mittelalterliche Dorfkirche und eine alte Gutsanlage. Das Herrenhaus und seine Nebengebäude befinden sich heute in Privatbesitz, aber ein Teil des Gartens wurde in einen gepflegten öffentlichen Gemeindepark umgestaltet.

Lohnt für einen Stopp: die Dorfkirche von Groß Gievitz

Sie verlassen Groß Gievitz am Gutshaus entlang auf dem Seeweg Richtung Minenhof. Am Ostufer des Sees verläuft der Radweg über eine schattige Nebenstraße durch die stille Seelandschaft bis nach Schloen am Südufer. Hier führt der Radweg nach links über die Dorfstraße und Sie überqueren die Ostpeene, wo eine

hübsche alte Wassermühle steht. Nach der historischen Mühle gelangen Sie rechts wieder nach Torgelow zurück.

Einkaufsstraße in der Altstadt von Waren

Zurück nach Waren In Torgelow radeln Sie zurück auf der Lindenstraße. Sie ignorieren aber das Radschild, das Sie nach rechts leitet, und radeln stattdessen geradeaus weiter zur T-Kreuzung. Hier biegen Sie links nach Rügeband ab, wo ein separater Radweg entlang der Straße beginnt, der Sie in wenigen Minuten nach Waren zurückführt. Am Warener Stadtrand, etwa auf der Höhe des auffallenden Backsteinturms der Feuerwache, verlassen Sie die stark befahrene Gievitzer Straße. Sie biegen nach rechts Richtung Werder Siedlung ab. Bald stoßen Sie dann wieder auf den Tiefwarensee-Radweg, der Sie links in Seeufernähe zurück zur Altstadt bringt.

Einst Wassermühle, heute Unterkunft: die historische Mühle von Schloen

In einer Mühle schlafen

Übernachten an der Radroute, allerdings nicht im lebhaften Waren? Dann ist vielleicht die historische Wassermühle in Schloen eine Alternative, die bereits zu Beginn des 16. Jahrhunderts als Getreidemühle betrieben wurde. Zu finden ist die Mühle im Internet unter Wassermühle Schloen.

21 Um den Drewitzer See

Für die ganze Familie

Leicht | 27 km | 2:30 Std.

Tourencharakter
Rundtour auf asphaltierten Nebenstraßen und Wirtschaftswegen sowie befestigten Kieswegen

Ausgangs-/Endpunkt
Parkplatz beim Agroneum, Alt Schwerin

GPS-Daten
53.512139, 12.352639

Anfahrt
Auto: Über die A 19 Ausfahrt Malchow, etwa 3 km bis in den Ort

Karte
ADFC-Regionalkarte 1:75 000, Mecklenburgische Seenplatte

Kombinierbar mit
Tour 11

Einkehr
Nossentiner Hütte: Urban's Hütt, www.urbans-huett.de
Drewitz: Restaurant im Naturresort, drewitzersee.vandervalk.de/restaurant
Alt Schwerin: Bauern-Bistro, www.agroneum-altschwerin.de/erlebniswelten/bauern-bistro

Die Sehenswürdigkeiten und Freizeitaktivitäten in Alt Schwerin sowie die klaren Seen und dunklen Wälder des Naturparks Nossentiner-Schwinzer Heide machen diese leichte Radrundtour sehr abwechslungsreich und interessant für die ganze Familie.

Zum Drewitzer See Alt Schwerin erstreckt sich zwischen dem beliebten Plauer See und seinem kleineren Bruder, dem Drewitzer See. Sie beginnen mitten in Alt Schwerin beim Parkplatz des Agroneums, einem für die ganze Familie attraktiven Freilicht- und Dorfmuseum, das Sie zum Schluss sicherlich besuchen wollen. Sie radeln aber zunächst vom Parkplatz nach links durch die Straße Achter de Isenbahn, entlang des ausgestreckten Museumsgeländes, überqueren davor die Gleise und kurz

Unterwegs im Naturpark Nossentiner-Schwinzer Heide

danach die Autobahn. Nach der Brücke halten Sie sich rechts nach Sparow, das Sie nach wenigen Kilometern erreichen. Am Dorfrand führt ein Abstecher links zum Drewitzer See, der unter Einheimischen auch oft Alt Schweriner See genannt wird. Der rund fünf Kilometer lange und bis zu zwei Kilometer breite See ist fast vollkommen von Wäldern umgeben. Der Uferbereich ist als Naturschutzgebiet Drewitzer See, Lübowsee und Dreiersee ausgewiesen und Teil des großen Naturparks Nossentiner-Schwinzer Heide. Nur an wenigen Stellen treffen Sie deshalb auf eine Bademöglichkeit, wie hier bei Sparow. Der glasklare See ist übrigens ziemlich kalt, aber an heißen Sommertagen deshalb besonders erfrischend.

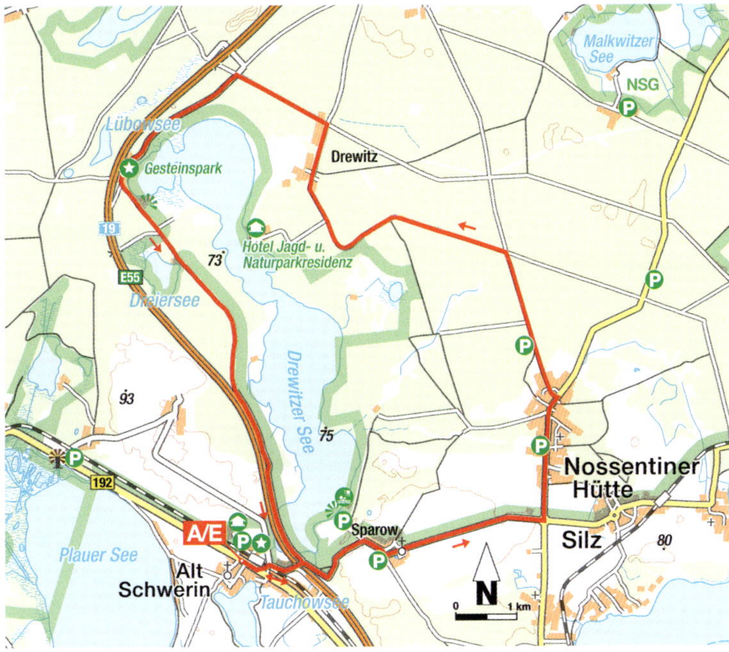

Auf dem Weg nach Drewitz

Durch den Naturpark Nossentiner-Schwinzer Heide Sparow durchqueren Sie auf der Durchfahrtsstraße. Fast am Ende des Dorfs lohnt ein kurzer Stopp bei der sehenswerten und liebevoll restaurierten Fachwerkkapelle Sankt Hubertus. Anschließend geht es auf einer schönen Kastanienallee weiter Richtung Silz. Bereits an der nächsten Kreuzung radeln Sie nach links zwischen Feldern zum Dorf Nossentiner Hütte. Sie fahren auf der Dorfstraße durch den Ort, passieren das Restaurant Urban's Hütt und biegen bald danach an der Abzweigung links in die Güstrower Landstraße ein. Mit Ausnahme von wenigen Kurven führt die Route jetzt fast kerzengerade durch die stillen Wälder des Naturparks Nossentiner-Schwinzer Heide, einem ehemaligen staatlichen Jagdgebiet. Den Radtafeln folgend, gelangen Sie Richtung Drewitz wieder in die Ufernähe des Sees. Unterwegs führt ein Weg nach links zur ehemaligen Jagdresidenz von Erich Honecker, die direkt am Seeufer liegt. Heute steht hier ein modernes Ferienresort, teilweise aber noch mit nostalgischem Charakter und mit einem gepflegten Restaurant mit Seeblick – ein schöner Platz zum Einkehren.

Es gibt nicht viele Möglichkeiten, ans Wasser des Drewitzer Sees zu kommen.

Paradies für Naturliebhaber: der Lübowsee

Am Westufer zurück Sie durchqueren die Siedlung Drewitz und wenden sich an der nächsten Abzweigung nach links. Auch diese Etappe führt wieder durch den Wald des Naturparks Nossentiner-Schwinzer Heide. An der nächsten Kreuzung halten Sie sich nochmals links und umrunden das Nordufer des Drewitzer Sees und des Lübowsees. Hin und wieder erblicken Sie zwischen den Bäumen das blau schimmernde Wasser. Den besten Seeblick haben Sie beim offenen Gelände des kleinen Gesteinsgartens.

Parallel zur Autobahn und auf dem Fischweg geht es weiter zum idyllisch gelegenen Dreiersee. Schließlich radeln Sie am

Haus In der Katenzeile in Alt Schwerin

Westufer des Drewitzer Sees entlang und wieder über die Autobahnbrücke nach Alt Schwerin zurück, wo das Agroneum auf Sie wartet. Dieses 1988 eröffnete agrarische Freilichtmuseum beleuchtet mit verschiedenen Themenwelten die regionale Land- und Forstwirtschaft. Neben Feldbestellung, Acker- und Waldpflege, Maschinenkunde, Ernte, Zucht- und Schlachtvieh zeigt das Museum auch regionales Handwerk aus den Bereichen Molkerei, Fischerei, Getreideverarbeitung, Schlosserei und Brennerei.

Zudem widmet sich das Museum auch dem Wohnen auf dem Lande, unter anderem im historischen Gutshaus von 1733 und in der Katenzeile, inmitten des Dorfs an der Durchfahrtsstraße. Das Angebot des Museums wird vom Bauern-Bistro abgerundet, in dem es saisonale Produkte aus der Region gibt.

Freilichtmuseum Agroneum

Im Agroneum werden das ganze Jahr hindurch verschiedene Veranstaltungen abgehalten. Vom Töpfer- und Pflanzenmarkt über Oldtimer- und Traktorentreffen bis hin zum Hof-, Kartoffel- und Kürbisfest. Aktuelle Informationen unter www.agroneum-altschwerin.de.

Traktor aus längst vergangenen Zeiten vor dem Agroneum in Alt Schwerin

22

Am Goldberger und Dobbertiner See

Zwei-Seen-Tour

Mittel | 28 km | 2:30 Std.

Tourencharakter
Rundtour auf asphaltierten Nebenstraßen und Radwegen sowie Kies- und Waldwegen

Ausgangs-/Endpunkt
Parkplatz Parkweg, Dobbertin

GPS-Daten
53.622250, 12.074083

Anfahrt
Auto: Über die B 192, etwa 26 km von der A 19 entfernt

Karte
ADFC-Regionalkarte 1:75 000, Mecklenburgische Seenplatte

Einkehr
Wendisch Waren: Landgasthof Schwinzer Heide
Dobbertin: Gasthaus Zwei Linden, www.zwei-linden.com; Eiscafé Kentzler, www.konditorei-eiscafe-kentzler.de; Altes Brauhaus, www.kloster-dobbertin.de/unsere-einrichtungen/werkstaetten/brauhaus

Diese Radrunde macht mit der abwechslungsreichen Landschaft rund um Dobbertin bekannt. Gleich zu Beginn der Tour liegt die Hauptattraktion der Route: das Klosterensemble Dobbertin. Zusätzlich gibt es Kultur und Natur pur, aber auch Badespaß bietet diese Route.

Reizvoller Start in Dobbertin Vom Parkplatz am Parkweg radeln Sie zum Platz der Arbeit beim Gasthaus Zwei Linden zurück. Sie biegen hier rechts auf die Straße der Jugend ein und fahren geradeaus weiter. An der T-Kreuzung geht es rechts zur beeindruckenden Klosteranlage Dobbertin mit der alles überragenden Klosterkirche. Den Besuch der Anlage heben Sie sich am besten für den Schluss der Tour auf. Sie folgen an der T-Kreuzung links der Radroute Richtung Goldberg und stoßen dann

Rechte Seite: Von der Turmhügelburg in Woosten ist nichts mehr vorhanden, lediglich der Basishügel mit Wassergraben.

Einstiegsstelle zum Baden am Nordufer des Dobbertiner Sees

auf die Bundesstraße, der Sie auf dem begleitenden Radweg nach rechts folgen. Kurze Zeit später bieten sich die ersten Blicke auf den Dobbertiner See. Nach etwa einem Kilometer biegen Sie links auf die Nebenstraße ab, die sich durch den Wald nach Alt Schwinz schlängelt. Sie folgen hier der mit T29 ausgeschilderten Radroute. Den Radschildern folgend, biegen Sie in der Kurve in Alt Schwinz rechts auf den Kiesweg ein. Sie kommen jetzt in einen von Wäldern und Moorlandschaften geprägten Teil des Naturparks Nossentiner-Schwinzer Heide.

Durch sanftes Hügelland Folgen Sie nun dem Waldweg und halten Sie sich im Zweifel rechts. Die Tour verläuft nun zwischen dem Ostufer des Goldberger Sees und einem militärischen Übungsgelände. Beachten Sie die Hinweistafeln unterwegs! Nach ein paar Kilometern ist das kleine Wendisch Waren erreicht, wo Sie die Bundesstraße mit Vorsicht geradeaus überqueren. Danach geht es auf einer ruhigen Nebenstraße mit leichten Steigungen zwischen Feldern und Wiesen hindurch. Herrlich sind unterwegs die Fernsichten auf das geschwungene Agrarland um das Dorf Woosten, wo Sie die frühgotische Backsteinkirche aus dem 13. Jahrhundert bewundern können. Beachtenswert ist hier auch die mittelalterliche Turmhügel-

burg. Eine Tafel mit Informationen über dieses besondere Denkmal veranschaulicht das einstige Bauwerk, von dem nur noch der Hügel deutlich sichtbar ist.

Die ruhige, reizvolle Strecke führt mit einigen Steigungen weiter nach Diestelow. Sie halten sich hier rechts und können dann im Ort nach links durch die Straße der Genossenschaft einen kurzen Abstecher zum Diestelower See machen. Ein kleiner Badestrand sowie ein Bänkchen mit Seeblick laden zur kurzen Pause ein.

Das Naturmuseum in Goldberg ist bereits von außen eine Besichtigung wert.

Durch Goldberg Wenn Sie keinen Abstecher zum See machen, durchqueren Sie Diestelow geradeaus. Sie stoßen auf die Landstraße, der Sie rechts zwischen Feldern hindurch nach Goldberg folgen. Die Route verläuft über Medow und bietet eine schöne Sicht auf den Großen Medower See. Die Radroute folgt jetzt der Ausschilderung R19. Die Radtafeln leiten Sie über die Bundesstraße und danach im Zickzack durch das Zentrum von Goldberg, einer ehemaligen Ackerbürgerstadt, die noch heute von schmalen Gassen, Wallanlagen und zahlreichen alten

Backstein ist das dominierende Baumaterial im Dorf Dobbertin.

Fachwerkhäusern geprägt wird. Die Radroute durchs Zentrum führt Sie auch an der alten Wassermühle im Fachwerkstil an der Mildenitz vorbei, wo nach Restaurierungs- und Umbauarbeiten ein kleines Stadt- und Naturmuseum untergebracht ist. Immer den Radtafeln folgend, gelangen Sie zurück an die Bundesstraße durch Goldberg, der Sie rechts auf dem Radweg zurück nach Dobbertin folgen.

Kloster Dobbertin Unterwegs zum Ausgangspunkt zurück bietet sich etwa einen Kilometer nach Goldberg noch ein Abstecher nach rechts zum Badestrand am Goldberger See an und natürlich auch ein Besuch der denkmalgeschützten Klosteranlage Dobbertin am Nordufer des Dobbertiner Sees. Das im 13. Jahrhundert gegründete Nonnenkloster der Benediktiner war eines der bedeutendsten und größten Klöster Mecklenburgs. Es wurde 1572 in ein adeliges Damenstift umgewandelt und 1918 aufgelöst. Highlight der Anlage sind die Kirche und der Kreuzgang. Heute leben, lernen und arbeiten hier Menschen mit geistigen Behinderungen und psychischen Erkrankungen. Die Anlage ist deshalb nur teilweise und nur mit Führung zu besichtigen.

Lohnenswert: die Besichtigung des Dobbertiner Klosters

Einkehr

Eine gute Möglichkeit, die Tour kulinarisch abzuschließen, ist das alte Brauhaus des Dobbertiner Klosters. Hier werden in historischen Gemäuern (bei Schönwetter auf der Terrasse mit Seeblick) regionale Gerichte, Kaffee und hausgemachter Kuchen angeboten (www.kloster-dobbertin.de/unsere-einrichtungen/werkstaetten/brauhaus).

23 Um den Krakower See

Einfach schön

Leicht | 28 km | 2:30 Std.

Tourencharakter
Rundtour auf asphaltierten Radwegen und Nebenstraßen; kleinere Abschnitte Waldwege

Ausgangs-/Endpunkt
Parkplatz beim Krakower Burgplatz

GPS-Daten
53.651972, 12.271667

Anfahrt
Auto: A 19 Ausfahrt Linstow, Krakow am See und dann auf der L 204 weiter (ca. 9 km)
Bahn: Mit der Regionalbahn nach Güstrow und von dort mit dem Bus inkl. Radtransport nach Krakow (ca. 20 km)

Karte
ADFC-Regionalkarte 1:75 000, Mecklenburgische Seenplatte

Abkürzung
Ohne Abstecher nach Kuchelmiß verkürzt sich die Route um etwa 6 km.

Einkehr
Serrahn: Restaurant Martinus, Kuchelmiß, serrahn.vandervalk.de/restaurant
Krakow am See: Dat Hüdenhus Müritzfischer, an der Uferpromenade

Die Ruhe ausstrahlende Uferlandschaft rund um den Krakower See, geprägt von Wäldern, Wiesen und Mooren, ist ein wahrer Radgenuss für Jung und Alt. Und Krakow am See ist mit seiner historischen Altstadt und Seepromenade ein Ort wie aus dem Bilderbuch – einfach wunderschön diese Runde.

Zum Paradies Die Radtour beginnt in Krakow am See. Der Ort überrascht mit seinem liebevoll erhaltenen Marktplatz und lädt zum Verweilen ein, aber erst wird geradelt. Vom Parkplatz am Burgplatz geht es zur Seepromenade, wo Sie nach links am Uferradweg Richtung Serrahn fahren. Den Radtafeln folgend, gelangen Sie auf den die Landstraße begleitenden Radweg direkt am Seeufer, das nördlich von Krakow von malerischen Bootshäusern gesäumt wird. An der Kreuzung geht die Route rechts weiter und Sie schwenken kurz danach das Rad nochmals nach rechts auf die Nebenstraße. Die Strecke führt Sie an

einem Campingplatz entlang und durch das Naturschutzgebiet Wildfang am bewaldeten Ufer. Wenn Sie aus dem Wald kommen, bietet sich ein bezauberndes Panorama auf den Krakower See und eine hügelige Wiesenlandschaft. Die Straße trägt hier den Namen Paradiesweg, dem man nur voll und ganz zustimmen kann.

Blick vom Aussichtsturm am alten Melkstand auf den Krakower See

Gepflegtes Strandbad in Krakow

Das Nebeltal Der Radweg begleitet den Krakower See hoch über dem Ufer weiter nach Serrahn und immer wieder ergeben sich schöne Ausblicke. Unterwegs überqueren Sie den kleinen Fluss Nebel. Er hat hier ein kilometerlanges Durchbruchstal geschaffen, eine sehr reizvolle Landschaft. Sie können das Rad abstellen und einen Teil des schmalen und ursprünglichen Nebeltals zu Fuß auf dem Wanderpfad stromaufwärts erkunden. Aber bereits das Nebelwehr entlang des Radwegs ist ein idyllischer Ort, wo es sich lohnt, mal kurz anzuhalten.

Bootsvermietung am Krakower See

Nach der Überquerung der Nebel gelangen Sie schon bald nach Serrahn hinein und Sie haben das Nordufer des Krakower Sees umrundet. Beachtenswert sind Serrahns gotische Backsteinkirche aus der Mitte des 13. Jahrhunderts und der Hofladen mit seinem netten Gartencafé, das zum Einkehren einlädt. Ab Serrahn gibt es einen etwa drei Kilometer langen Abstecher nach Kuchelmiß zur alten Wassermühle. Die liebevoll restaurierte Mühle im Fachwerkstil stammt vom Ende des 18. Jahrhunderts. Sie beherbergt heute ein Mühlenmuseum mit Imbiss und liegt mit einigen anderen Fachwerkgebäuden malerisch auf einer kleinen Insel der Nebel.

Am Ostufer Von Serrahn radeln Sie am Ufer des Serrahner Sees entlang weiter Richtung Zietlitz. Mehrere Badestellen unterwegs laden zum erfrischenden Stopp ein. Der Radweg führt über ein Golfgelände, durch leicht hügelige Landschaft, und bietet herrliche Fernsichten. Sie biegen vor Zietlitz nach rechts ab, radeln zwischen Feldern weiter nach Neu Dobbin und erreichen bald einen modernen Aussichtsturm. Ein Stopp lohnt sich hier, um die Ruhe und die grandiose Aussicht auf die Seenlandschaft mit mehreren kleinen Inseln zu genießen.
Die Radroute durchquert nach dem Turm die Siedlung Neu Dobbin und stößt wenige Minuten später auf die Landstraße, der Sie nach rechts folgen. Kurz danach geht es weiter auf einem etwa 500 Meter langen Damm, der den Krakower See teilt. Danach erreichen Sie Krakow am See wieder. Immer geradeaus radelnd, gelangen Sie zurück ins Krakower Zentrum und zum Ausgangspunkt.

Der Aussichtsturm am alten Melkstand ermöglicht, auch mal über die Baumwipfel zu gucken.

Krakow am See Zum Abschluss der Tour sollten Sie sich noch etwas Zeit für Krakow gönnen. Der Luftkurort erstreckt sich am Binnensee, wo an der Seepromenade Ausflugsschiffe Touren auf dem Krakower See anbieten. Im Zentrum interessant sind die um 1250 erbaute Kirche, die ihr heutiges Aussehen im 18. Jahrhundert erhalten hat, und das Buchdruckmuseum. In

dieser Schauwerkstatt wird die Kunst des Erfinders Johannes Gutenberg anschaulich dargestellt und man kann auch selbst Hand an die Druckmaschinen legen. Aus der Alten Synagoge von 1866 wurde ein Ort mit permanenter Ausstellung über das jüdische Leben in Krakow, und die Räume dienen für unterschiedliche Ausstellungen, Vorstellungen und Konzerte. Am Marktplatz befindet sich die Touristeninformation, die hilfreiche Hinweise über Krakow bereithält.

Historisches Rathaus im Zentrum von Krakow

Krakower Textilmarkt

Märkte in Krakow

Einmal pro Woche findet gegenüber der Stadtkirche ein sogenannter Frischemarkt statt. Es werden unterschiedliche regionale Produkte direkt vom Erzeuger angeboten. Zudem findet auch regelmäßig ein Textilmarkt statt. Mehr Infos dazu in der Touristeninformation.

24 Um den Malchiner See

Im Herzen der Mecklenburgischen Schweiz

Mittel | 28 km | 2:30 Std.

Tourencharakter
Rundtour auf asphaltierten Radwegen und Nebenstraßen sowie teils Kieswegen im Uferbereich

Ausgangs-/Endpunkt
Parkplatz, Wargentiner Straße 15, Basedow

GPS-Daten
53.698222, 12.679222

Anfahrt
Auto: Basedow liegt an der L20, die von der B104 bei Malchin und der B108 nahe Dahmen abzweigt. Man kann die Tour auch in Dahmen beginnen.
Bahn: Mehrmals täglich mit dem Regional-Express u.a. ab Schwerin und Neubrandenburg. Der Ausgangspunkt in Basedow liegt ca. 8 km entfernt.

Karte
ADFC-Regionalkarte 1:75000, Mecklenburgische Seenplatte

Einkehr
Schorssow: Schlosscafé, www.schloss-schorssow.de
Basedow: Restaurant Alter Schafstall, www.alter-schafstall-basedow.de

Inmitten sanfter Hügel, Wälder und Felder der Mecklenburgischen Schweiz erstreckt sich der Malchiner See. Diese Rundtour verläuft im Uferbereich des Sees und führt Sie im Auf und Ab durch eine abwechslungsreiche Landschaft mit schönen Ausblicken, vorbei an Schlössern, Gutshäusern und durch beschauliche Orte.

Start in Basedow Auch als »Perle der Mecklenburgischen Schweiz« bezeichnet, ist Basedow wirklich entzückend. Das Dorf steht auch seit 1985 unter Denkmalschutz. Die historische Kulisse mit Schloss, Schlossgarten und Nebengebäuden sowie der beschauliche Dorfkern mit gepflegten Gassen bezaubern die Besucher. Schloss Basedow ist zudem eine der imposantesten Schlossanlagen der Region und mit roten Terrakottaziegeln im Kontrast zum weißen Verputz ein richtiger Blickfang. Ansprechende Einkehrmöglichkeiten fehlen in

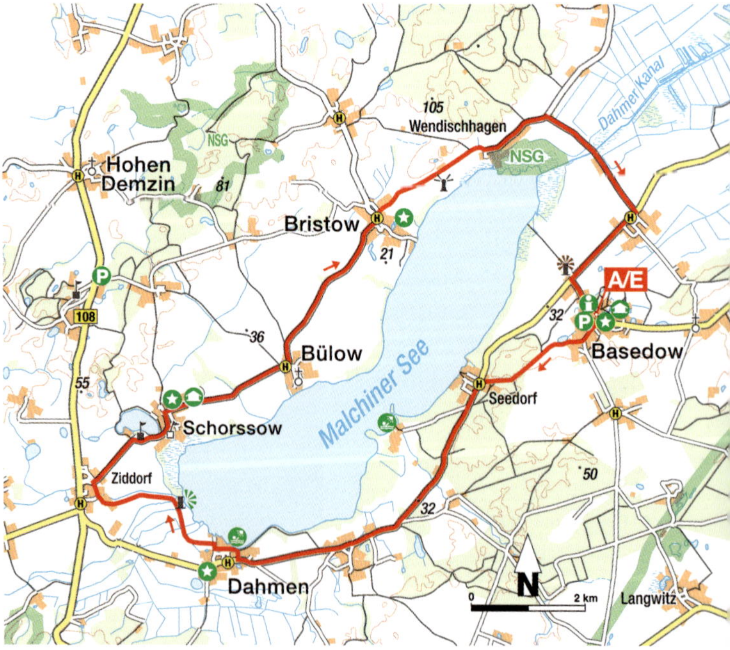

Märchenhaftes Bauwerk am Malchiner See: Schloss Basedow

Basedow ebenfalls nicht und auch ein Informationsbüro des Naturparks Mecklenburgische Schweiz und Kummerower See ist hier angesiedelt.
Am besten heben Sie sich die Sehenswürdigkeiten für den Abschluss der Runde auf. Erst geht es rauf aufs Rad. Sie biegen am Schloss rechts ab und radeln vorbei an der Dorfkirche bis zur Gabelung. Hier folgen Sie dem Wegweiser nach rechts Richtung Seedorf. Gleich am Dorfweiher beginnt der Radweg. Er führt zur Feriensiedlung Seedorf, wo Sie nach links der Landstraße durch den Wald folgen. Nach wenigen Kilometern beginnt ein Radweg parallel zur Straße. Dahmen ist das erste Ziel.

Basedow

Nur einzelne, nicht restaurierte und möblierte Räume von Schloss Basedow sind zu besichtigen. Führungen durchs Schloss, entlang der Nebengebäude, durch den Schlosspark und das Dorf werden vor Ort von regionalen Führern angeboten.

Im Süden des Malchiner Sees Dahmen liegt am Südufer des Malchiner Sees. Im Ort biegen Sie rechts in die Seestraße ein, gesäumt von schmucken Häuschen, die ursprünglich für die Arbeiter der ehemaligen Zuckerfabrik in Dahmen errichtet wurden. Am Ende der Straße erblicken Sie den Malchiner See und eine Fischerei, wo frische Fischbrötchen erhältlich sind. Die Route geht nach links, später nach rechts weiter und folgt dem Uferverlauf des Sees. Sie radeln durch eine Schilfzone, aber ein Aussichtsturm ermöglicht einen guten Rundblick auf den stillen See mit seinem naturbelassenen Ufer. Der Malchi-

Badestrand am Haussee von Schorssow

ner See gehört zum Naturpark Mecklenburgische Schweiz und Kummerower See und ist ein wichtiges Vogelschutzgebiet.
Das nächste Ziel nach Ziddorf ist Schorssow, dessen Mittelpunkt das schöne Seeschloss mit Landschaftspark bildet. Das aufwendig restaurierte Schloss aus dem 19. Jahrhundert beherbergt heute ein Hotel mit Gastronomie. Von der netten Terrasse des Schlosscafés aus, das zu Kuchen und Kaffee einlädt, blickt man auf den idyllischen Haussee. Angenehm für einen kurzen Stopp ist auch die frei zugängliche Badestelle gleich neben der Schlossanlage. Schorssow verlassen Sie am Ortsende nach rechts auf der von Bäumen gesäumten Nebenstraße Richtung Bülow.

Schloss Schorssow wurde zu einem gehobenen Hotel umgebaut.

Im Auf und Ab Im nächsten Streckenabschnitt zeigt die Malchiner Seelandschaft ihre hügelige Seite. Die Route verläuft im Auf und Ab nach Bülow. Ein kleiner Abstecher im Ort nach rechts führt Sie an der mittelalterlichen Dorfkirche vorbei zum Seeufer und zu einem kleinen Badesteg. Nach einigen Kilometern über sanft geschwungene Felder erreichen Sie das ehemalige Gutsdorf Bristow. Sein Dorfbild wird von verschiede-

nen Wirtschaftsgebäuden im englischen Baustil geprägt, wie dem Speicher, dem runden Taubenhaus und dem Marstall. Im Mittelpunkt steht allerdings die monumentale Kirche aus dem 16. Jahrhundert.

Ab und an muss auch mal auf einer Landstraße geradelt werden, wie hier bei Bülow.

Am flachen Nordufer zurück Nach Bristow weicht das Hügelland zurück. Zwischen Feldern mit Sonnenblumen, Mais und Korn hindurch radeln Sie parallel am See weiter nach Wendischhagen. Nach dem Dorf folgen Sie dem Wegweiser rechts nach Basedow, und die Route verläuft auf einem schattigen Wirtschaftsweg in Ufernähe. An seiner Nordseite ist der Malchiner See nur über den Dahmer Kanal erreichbar. Sie überqueren den Kanal und biegen am Ende der Straße rechts ab. Dem separaten Radweg entlang der Straße folgend, gelangen Sie zu einem 34 Meter hohen Aussichtsturm, von dem aus Sie einen unvergesslichen Rundblick auf den Malchiner See und die Landschaft des Naturparks Mecklenburgische Schweiz und Kummerower See haben. Links gelangen Sie mit wenigen Pedaltritten zurück nach Basedow.

Blickfänger: die Bristower Dorfkirche

Schweriner und Sternberger Seenland

Von joder Seite ein grandioser Anblick: Schloss Schwerin (Tour 25) (o. li.). Alte Klosteranlage in Neukloster (Tour 29) (o. re.). Nicht zu übersehen: Naturpark Sternberger Seenland (Tour 29) (u. re.). Beliebt für Kanu- und Kajaktouren: der Störkanal (Tour 27) (u. li.).

25

Um den Schweriner Innensee

Viel zu sehen, viel zu entdecken

Leicht | 33 km | 3:00 Std.

Tourencharakter
Rundtour auf asphaltierten Nebenstraßen und Radwegen, kleinere Streckenabschnitte sind Waldwege.

Ausgangs-/Endpunkt
Schloss Schwerin

GPS-Daten
53.628750, 11.420833 (Parkplatz Altstadt)

Anfahrt
Auto: A 14, Ausfahrt Schwerin-Ost und dann weiter auf der B 321
Bahn: Mehrmals täglich mit Regionalbahnen aus den umliegenden Städten (Bahnhof Schwerin-Mitte) und aus ganz Deutschland mit dem IC/ICE zum Schweriner Hauptbahnhof

Karte
Klemmer Verlag, Rund um den Schweriner See, 1:50 000, Blatt 181

Kombinierbar mit
Tour 29

Einkehr
Schwerin: Café Schloßbucht, schlossbuchtcafe.de; Restaurant/Café Friedrichs, www.restaurant-friedrichs.com
Mueß: Mueßer Hof, muesser-hof.de;
Alter Grieche, www.grieche-schwerin.de
Zippendorf: Restaurant Strandperle, strandperlezippendorf.wordpress.com

Zeit spielt bei dieser Radroute eine wichtige Rolle, denn bereits am Beginn der Tour in Schwerin gibt es viel Interessantes, was eine gute Planung erfordert. Belohnt werden Sie mit faszinierender Kunst, Kultur und außergewöhnlicher Architektur. Planen Sie mindestens einen halben Tag für Schwerin ein. Die übrigen Stunden radeln Sie gemütlich um den Binnensee.

Startpunkt Schlossinsel Die Route beginnt am sicher markantesten Punkt der mecklenburgischen Hauptstadt: dem märchenhaften Schloss Schwerin. Mit dem Prunkbau im Rücken radeln Sie geradeaus durch die Schlossstraße ins Zentrum. Sie folgen dabei immer den Wegweisern Richtung Wickendorf. Die Radtafeln leiten Sie durch den Stadtkern am Schweriner Dom entlang zum Pfaffenteich. Hier radeln Sie am Ostufer an vielen hübschen Stadtvillen entlang und schwenken dann leicht nach links ans Nordufer. Sie überqueren an der Ampelkreuzung die mehrspurige Straße und folgen dann dem Uferradweg am Ziegelinnensee. Immer geradeaus im bewaldeten

Personenfähre am Pfaffenteich

Außen wie innen ein Hingucker: Schloss Schwerin

Uferbereich im leichten Auf und Ab radelnd, gelangen Sie ans Ufer des Ziegelaußensees und zur Landstraße. Sie biegen hier nach rechts auf den separaten Radweg ab und kommen dann am Rastplatz Ziegelaußensee vorbei, unterwegs mit schöner Sicht auf den See. Über die kleine Carlshöhe erreichen Sie Wickendorf, wo Sie gleich am Beginn des Orts rechts nach Rampe abbiegen. Nach etwa 1,5 Kilometern haben Sie die Bundesstraße und den Paulsdamm erreicht, der seit 1842 den Schweriner See in einen Innensee und Außensee teilt.

Am Ostufer des Innensees Auf dem Radweg neben der Bundesstraße geht es nun etwa vier Kilometer auf dem Dammrad-

Stilles Plätzchen für eine Radelpause am Schweriner Innensee

weg ins Dorf Rampe. Man sieht Rampe nicht an, dass es bereits 1171 erstmals in einer Urkunde auftauchte und damit zu den ältesten Orten am Schweriner See gehört. In Rampe folgen Sie vor der Ampel den Radtafeln nach rechts Richtung Leezen. Der Radweg verläuft nun an der Landstraße, hoch über dem Seeufer mit Blick auf die Silhouette von Schwerin. Ab Leezen geht es ebenfalls entlang der Landstraße nach Raben Steinfeld. Unterwegs bietet sich eine schöne, aber recht abenteuerliche Alternativroute über Görslow an. Bei der Görslower Dorfkirche führt ein schmaler, naturbelassener Weg über die Wiese hinunter zum See und weiter durch das Naturschutzgebiet Görslower Ufer nach Raben Steinfeld. Diese Route ist für Radfahrer mit einem normalen Tourenrad allerdings weniger bequem, dafür landschaftlich wesentlich reizvoller.

Parkplatztipp

Parken in Schwerin ist fast immer kostenpflichtig und Parkplätze sind vor allem in der Hauptsaison oft ausgelastet. Einen großen Parkplatz finden Sie in der Werder Straße gegenüber dem Marstall. Da es sich um eine Rundtour handelt, können Sie auch anderswo beginnen, zum Beispiel in Raben Steinfeld (siehe Tour 27) oder Mueß am Südufer (Alte Crivitzer Landstraße).

Unsere Route folgt der Landstraße und verläuft in Raben Steinfeld rechts über die Forststraße Richtung See. Blickfänger im Zentrum sind die schön renovierten Häuser im englischen Landhausstil, die zum Jagdschloss Raben Steinfeld gehörten. Das renovierungsbedürftige Schloss passieren Sie auf der Fahrt durch die Forststraße. Kurz nach dem Schloss führt nach links der Radweg durch den Wald Richtung Schwerin. Ein paar Meter geradeaus weiter stößt am Seeufer auch die Alternativroute von Görslow auf unsere Route.

Reizvoller Süden Nach dem Wald trifft die Route auf die Bundesstraße, der Sie nach rechts folgen und die Sie nach der Brücke über die Stör gleich wieder rechts nach Mueß verlassen. Sie passieren den Mueßer Hof und kurz danach das sieben Hektar große Mueßer Freilichtmuseum für Volkskunde mit 17 eingerichteten Gebäuden, darunter eine Dorfschule, historische Bauernhö-

fe und niederdeutsche Hallenhäuser. Nach dem Museum stoßen Sie erneut auf die Bundesstraße, wo Sie nach rechts und kurze Zeit später beim Haus am See gleich wieder nach rechts abbiegen. Sie kommen wieder ans Wasser, passieren das schön restaurierte Kurhaus oberhalb des Radwegs und tauchen danach in den Wald ein, wo es nach rechts zum Badeort Zippendorf geht. Der herrliche Sandstrand, gesäumt von eleganten Villen, und die Restaurants laden zum Stopp ein.

Der Radweg um den Schweriner Innensee ist bestens unterhalten, wie hier in Mueß.

Bäderarchitektur aus der Blütezeit des Badeorts Zippendorf

Nach Zippendorf geht es erneut durch Wald, wo sich der Schweriner Zoo befindet. Sie treffen im Uferbereich auf alte Villen, radeln langsam in Mecklenburgs Hauptstadt hinein und werden vom Schweriner Schloss begrüßt, das von hier aus betrachtet eine seiner schönsten Seiten zeigt. Durch den Schlosspark und über die Alte Schlossbrücke gelangen Sie zurück zum Ausgangspunkt. Jetzt sollten Sie das Rad abstellen und sich Zeit für eine Besichtigung des Schlosses und der Stadt nehmen.

Pflasterstraßen in der Schweriner Altstadt erschweren das genussvolle Radeln.

Sehenswertes in der Stadt Basis des Schweriner Schlosses war eine ringförmige slawische Burg aus der Mitte des 10. Jahrhunderts. Nach mehreren Umbauten und Erweiterungen erhielt das Schloss ab 1845 sein heutiges Aussehen im Neorenaissancestil. Ein Rundgang durch das einstige Residenzschloss und den heutigen Regierungssitz Mecklenburg-Vorpommerns ist mit oder ohne Führung möglich. Im Außenbereich bezaubern der im englischen Stil angelegte Schlossgarten und der Burggarten mit der Orangerie.

Gegenüber des Schlosses steht das Staatliche Museum Schwerin mit unter anderem einer Sammlung zeitgenössischer Kunst und Meisterwerken holländischer und flämischer Maler des 17. und 18. Jahrhunderts. Ein paar Gehminuten nördlich des Schlosses befindet sich auf einer Landzunge der im klassizistischen Stil erbaute Marstall. Seine einstige Reithalle dient heute

Blick vom Dom Sankt Marien und Sankt Johannis auf die Schweriner Altstadt

als Ausstellungsraum. In den restlichen Räumen sind Verwaltungsbüros der Landes- und Stadtregierung untergebracht. Unterwegs zum Marstall kommen Sie übrigens an der Anlegestelle der Weißen Flotte vorbei, die Rundfahrten auf dem See anbietet – eine gute Gelegenheit, um das Schloss und die Stadt aus einer anderen Perspektive zu sehen.

Die Personenfähre am Pfaffenteich legt an bzw. fährt ab vor dem Haupteingang des Schweriner Arsenals.

Eine besondere Perspektive bietet auch der Dom Sankt Marien und Sankt Johannis, das älteste Bauwerk der Stadt. In seinem rund 177 Meter hohen Kirchturm führen 220 Stufen zu einer Aussichtsplattform mit grandiosem Rundblick auf das Schloss, den See und den historischen Kern. Nördlich des Doms und östlich des Pfaffenteichs erstreckt sich die sehenswerte Schelfstadt mit vielen historischen Fachwerkhäusern, der evangelischen Kirche Sankt Nikolai, besser als Schelfkirche bekannt, und dem backsteinernen Schleswig-Holstein-Haus. Durch die Einkaufsmeile Mecklenburger Straße, die am Südufer des Pfaffenteichs beginnt, und dann durch die Klosterstraße können Sie wieder zum Schloss zurückkehren.

Der Pfaffenteich (links) und der Ziegelsee (oben) mal aus der Vogelperspektive

26

Um den Schweriner Außensee

Die ruhige Seite des Sees

Mittel | 39 km | 3:30 Std.

Tourencharakter
Rundtour auf asphaltierten Nebenstraßen und Radwegen sowie Waldwegen und befestigten Kieswegen in Naturschutzgebieten

Ausgangs-/Endpunkt
Parkplatz, Eschenweg 36 bei der Feuerwehr, Seehof

GPS-Daten
53.691306, 11.435500

Anfahrt
Auto: A20, Ausfahrt Bobitz und dann auf der B106, Ausfahrt Lübstorf (ca. 20 km)
Bahn: Regionalbahn bis Lübstorf und hier die Radtour beginnen

Karte
Klemmer Verlag, Rund um den Schweriner See, 1:50000, Blatt 181

Kombinierbar mit
Tour 25

Einkehr
Lübstorf: Schlosscafé Wiligrad, wiligrad.de
Bad Kleinen: Restaurant Seeblick, www.restaurantseeblick.de
Retgendorf: Restaurant Waldsiedlung, www.ferienpark-retgendorf.de/restaurant

Im Gegensatz zum touristisch stark frequentierten Südufer des Schweriner Sees mit dem kulturellen Highlight Schwerin bietet diese Rundroute beschauliche Dörfer, viel stille Ecken und Natur pur. Es ist eine genussvolle, gemütliche Rundtour um das Nordufer des Sees mit dem sehenswerten Schloss Wiligrad.

Auf nach Schloss Wiligrad Die Route startet im beschaulichen Ferienort Seehof am Westufer des Schweriner Außensees. Vom Parkplatz am Eschenweg bei der Feuerwehr radeln Sie zur Seestraße, in die Sie nach links einbiegen. Den schönen Badestrand mit Imbissbude nahe des Parkplatzes heben Sie sich am bes-

Am Schweriner Außensee gibt es einige gute Stellen, um die Natur in aller Ruhe genießen zu können.

In den altehrwürdigen Gemäuern des Schlosses Wiligrad hat heute die Kunst ihren Einzug gehalten.

ten zum Schluss der Runde auf. Nach etwa 300 Metern erreichen Sie die Dorfstraße. Sie biegen nach rechts ab und verlassen schon bald Seehof auf dem separaten Radweg. Durch die größtenteils von Agrarwirtschaft geprägte Ortschaft Hundorf gelangen Sie nach Lübstorf, wo Sie sich rechts Richtung Wiligrad halten. Durch dichten Wald und immer den Radtafeln folgend, erreichen Sie die Schlossanlage Wiligrad, ein ehemaliges Residenzschloss am Steilufer des Sees. Das Ende des 19. Jahrhunderts im Neorenaissancestil erbaute Schloss kennt eine düstere Geschichte, war es doch zwischen 1945 und 1990 durch die Nutzung als Partei- und dann als Polizeischule zur

Terra incognita erklärt. Heute sind vor allem die baulichen Spuren dieser Periode längst verschwunden und das Schloss steht ganz im Zeichen der Kunst. Der Kunstverein Wiligrad präsentiert in den Räumen wechselnde Ausstellungen renommierter Künstler und im Schlosspark trifft man auf moderne Skulpturen. In der alten Hofgärtnerei befindet sich ein Café mit Terrasse. Bei Schlechtwetter genießt man Kaffee und Kuchen im Gewächshaus.

Um den Nordzipfel des Sees

Vom Schloss Wiligrad führt die Route durch Wald, Agrarland und den kleinen Gallentin nach Bad Kleinen. In dem knapp 4000 Einwohner zählenden Ort können Sie einen kurzen Abstecher zum Ufer des Sees mit seiner terrassenförmig angelegten Badewiese machen. Zum Einkehren gibt es unter anderem das Restaurant Seeblick mit gemütlicher Terrasse. Sie durchqueren Bad Kleinen geradeaus und treffen kurz danach auf die Schwedenschanze, eine 1638 aus Erdwällen erbaute Bastion zum Schutz der Handelsroute zwischen der Ostsee und der mecklenburgischen Hauptstadt. Eine Informationstafel bei der noch stets gut erkennbaren Bastion gibt einen kurzen Überblick über die Geschichte.

Ganz oben: Dorfkirche von Bad Kleinen

Oben: An die ehemalige Slawenburg Dobin am Nordostufer des Schweriner Außensees erinnern heute nur noch ein Stein und zwei Informationstafeln.

Bei der Schwedenschanze ignorieren Sie die Radtafel, die nach rechts leitet. Sie radeln stattdessen geradeaus weiter, unterqueren die Gleise der Regionalbahn und folgen der ruhigen Landstraße nach rechts auf dem separaten Radweg. Sie erreichen schon bald Hohen Viecheln, das Sie entlang der Dorfkirche durchqueren. Sie halten sich dann rechts Richtung Flessenow und biegen gleich wieder rechts auf den Döpeweg zum Seeufer ein. Die Radroute umrundet jetzt das Nordufer des Schweri-

Aussicht vom Radweg am Ziegelaußensee

ner Außensees auf der alten Landstraße nach Flessenow und verläuft durch das Naturschutzgebiet Döpe. Die Strecke ist teilweise naturbelassen und kann nach Regen etwas matschig sein. Durch Wald und an der nicht mehr sichtbaren Slawenburg Dobin mit Infotafel entlang, erreichen Sie eine Kreuzung, wo die Route scharf nach rechts durch den Wald weitergeht.

Über Rampe zurück In Flessenow halten Sie sich rechts. Über den Campingplatz und im Uferbereich des Sees geht es nun weiter nach Retgendorf, das Sie auf der Landstraße mit schönen Blicken auf den See durchqueren. Nach Retgendorf folgen Sie nach rechts dem Wegweiser Richtung Rampe und Sie gelangen so wieder zum Ufer zurück. Jetzt folgt ein schöner Radweg am See entlang mit immer wieder freier Sicht auf das Wasser. Der Radweg stößt schließlich auf die Bundesstraße im Dorf Rampe. Sie schwenken hier rechts auf den die Straße begleitenden Radweg Richtung Wickendorf. Nun radeln Sie auf dem Damm zwischen Schweriner Innen- und Außensee mit prächtigen Fernsichten auf die Seenlandschaft und Ortschaften. Am anderen Ufer angelangt, verlassen Sie die Bundesstraße gleich nach rechts Richtung Wickendorf. Ab nun sind es nur noch wenige Radminuten wieder zurück nach Seehof.

Bewaldetes Westufer des Ziegelaußensees

Alternativroute

Sie können diese Rundtour auch in Schwerin beginnen, allerdings verlängert sich dann die Strecke um etwa 15 km. Sie radeln dann am einfachsten am Radweg entlang der Bundesstraße 104 bis nach Wickendorf. Eine komplette Umrundung des Sees auf dem Radweg beträgt etwa 72 km.

27 Vom Schweriner See zum Störkanal

Gemütliche Runde durch die Lewitz

Mittel | 39 km | 3:30 Std.

Tourencharakter
Rundtour auf asphaltierten Nebenstraßen, gepflasterten und geteerten Radwegen; befestigter Kiesweg entlang des Störkanals

Ausgangs-/Endpunkt
Parkplatz An der Schlenke, Raben Steinfeld

GPS-Daten
53.600111, 11.505833

Anfahrt
Auto: Auf der A 14 Ausfahrt Schwerin-Ost, dann weiter auf der B 321
Bahn: Mehrmals täglich mit Regionalbahnen aus den umliegenden Städten (Bhf Schwerin-Mitte) und mit dem IC/ICE zum Schweriner Hauptbahnhof. Der Ausgangspunkt liegt ca. 9 km entfernt.

Karte
Klemmer Verlag, Seenland Schwerin, 1:100 000, Blatt 706

Kombinierbar mit
Tour 25

Einkehr
Crivitz: Café/Konditorei Butschat im Ortszentrum
Banzkow: Pony Bar, bei der Banzkower Schleuse
Plate: Restaurant Störkrug, www.facebook.com/leckermampfen

Diese Radroute führt durch die südöstlich vom Schweriner See gelegene Lewitz, ein geschütztes Gebiet aus Wiesen, Äckern und vereinzelten Wäldern voll Ruhe und Charme. Sie kommen durch die Kleinstädte Crivitz und Banzkow und radeln auf dem Treidelpfad an der idyllischen Stör zum Schweriner See zurück.

Start am Schweriner See Raben Steinfeld ist ein netter Ort an der Südspitze des Schweriner Sees und idealer Ausgangspunkt für diese Runde. Vom Parkplatz radeln Sie in den Ort hinein bis zu den auffallenden Backsteinhäusern, wo Sie links auf die Forststraße Richtung Campingplatz einbiegen. Die gut erhaltenen Häuser sind dem englischen Landhausstil nachempfunden und gehörten zum Jagdschloss Raben Steinfeld, das Sie unterwegs passieren. Jetzt erblicken Sie den Schweriner See. Sie folgen der Tafel nach links Richtung Schwerin, radeln am Seeufer

Blickfänger in Raben Steinfeld: die Wohnhäuser im englischen Landhausstil

entlang und dann mit Schwung zur Bundesstraße hoch. Hier geht es auf dem Radweg nach links Richtung Pinnow. Sie unterqueren die Autobahn geradeaus und lassen das Rad bis zur Radtafel T34 hinunterrollen, die Sie links durch den Wald leitet. Ab nun folgen Sie dem regionalen Radweg T34. Er führt zum Pinnower See, der hin und wieder sichtbar ist. In Pinnow halten Sie sich links. Sie biegen dann nach rechts Richtung Segelflugplatz ab. Die Route geht später auf einer Nebenstraße durch Wald und mit Steigungen Richtung Gädebehn. Sie lassen an der T-Kreuzung Gädebehn an der idyllischen Warnow links liegen und schwenken das Rad rechts nach Crivitz.

Das Flüsschen Warnow in Gädebehn

Crivitz Nachdem Sie die Bundesstraße überquert haben, radeln Sie an der T-Kreuzung nach rechts ins beschauliche Crivitz hinein. Wahrzeichen des Orts ist die gotische Kirche von 1340, die an der Straße der Backsteingotik und der Route T34 liegt. Die Tour führt an der Kirche vorbei und parallel zum fast kreisrunden Crivitzer See, der über Stichstraßen erreichbar ist. Die Straße macht im Ortszentrum eine Rechtskurve. An der Ampelkreuzung ra-

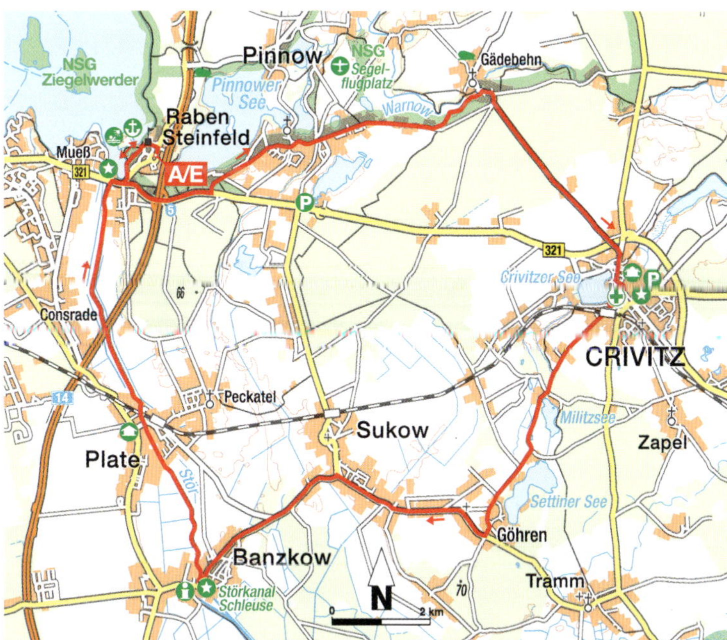

deln Sie geradeaus weiter. Sie halten sich dann rechts Richtung Göhren, unterqueren die Gleise und biegen anschließend rechts auf die Nebenstraße ein.

Militzsee und Settiner See Der nächste Abschnitt verläuft durch eine Allee, streift Bürgerholz und führt durch Wald nach Militzhof am Militzsee. Der stille See begleitet den Radweg nur kurz und lässt sich zwischen den Bäumen erblicken. Weiter geht es Richtung Göhren. Sie radeln im Auf und Ab zwischen Agrarflächen zum Settiner See, einer Oase der Ruhe. Im Süden des Sees liegt das von Landwirtschaft geprägte Göhren, wo Sie sich zweimal nach rechts halten und nach Sukow weiterradeln. Die Route streift Sukow, aber Sie können einen Abstecher zur sehenswerten Kirche machen. Die Route führt links nach Banzkow.

Alter Fachwerkbauernhof in Banzkow

Am Störkanal Banzkow durchqueren Sie geradeaus bis zur Klappbrücke. Sie bietet einen schönen Blick auf die Banzkower Schleuse und den schnurgeraden Störkanal, der in der Müritz-Elde-Wasserstraße mündet. Rechts der Brücke fließt die ursprüngliche Stör, die bereits in der Hansezeit begradigt wurde. Schwerin und andere Orte bezogen damals ihr Holz zum Bauen und Heizen vor allem aus der Region Lewitz. Transportiert wurde das Material über die Stör und den Kanal. Die Lewitz wurde dadurch fast abgeholzt und wird heute von weiten Wiesen geprägt, durchzogen von Gräben, Kanälen und Flüssen.

Radweg am Störkanal beim Restaurant Störkrug in Plate

Sie gelangen nach der Klappbrücke geradeaus in den kleinen Ortskern von Banzkow, wo traditionelle reetgedeckte Häuser bestimmt einen Blick lohnen. Die Radroute geht nach der Brücke gleich rechts auf dem Treidelpfad weiter. Immer herrlich am Wasser entlangradelnd, erreichen Sie Plate. Im Ort lädt das nette Restaurant Störkrug Plate bei der Brücke zur Rast ein. Ab Plate führt die letzte Etappe immer am Wasser entlang durch das Störtal Richtung Schwerin-Mueß und zum Schweriner See. Der Radweg unterquert noch die Bundesstraße und führt dann mit einer Linkskurve zur Störbrücke hoch, wo sich ein letzter Blick auf den Fluss ergibt.

Nach der Brücke treffen Sie auf Skulpturen, die an die Tausenden Opfer der Todesmärsche von Sachsenhausen und Ravensbrück nach Schwerin erinnern. Tafeln informieren über die Geschichte. An der Ampel links haltend, erreichen Sie in wenigen Minuten wieder den Ausgangspunkt und vielleicht ist noch Zeit und Lust für ein Bad in der kleinen Bucht am Schweriner See vorhanden.

Einkehr

Das Restaurant Störkrug in Plate liegt direkt an der Stör bei der Brücke und eignet sich hervorragend für einen kulinarischen Stopp. Aber schon wegen seiner Lage und dem gemütlichen Biergarten ist dieser Gastronomiebetrieb einen Besuch wert.

Banzkower Klappbrücke über den Störkanal

28

An zehn Seen um Sternberg

Kultur und Natur genießen

Mittel — 37 km — 3:00 Std.

Tourencharakter
Rundtour auf asphaltierten Nebenstraßen und Wirtschaftswegen sowie ungeteerten Radwegen

Ausgangs-/Endpunkt
Parkplatz Vor dem Pastiner Tor, Sternberg

GPS-Daten
53.707528, 11.827056

Anfahrt
Auto: Auf der A 14, Ausfahrt Schwerin Nord und dann weiter auf der B 104
Bahn: Mit der Regionalbahn (RB) u. a ab Rostock. Der Bahnhof befindet sind in Blankenberg, ca. 11 km von Sternberg entfernt.

Karte
Klemmer Verlag, Rund um den Schweriner See, 1:50 000, Blatt 181

Einkehr
Sternberg: Seenfischerei, fisheries-sternberg.slue.io; Café Auszeit, www.hotel-dreiwasser.de/restaurant.html
Groß Raden: Gasthof Kiek up's See, www.kiekupnsee.de; Restaurant Zum Burgwall, www.zum-burgwall.de
Rothen: Gutshof, Café Zur Rothen Kelle, gutshausrothen.de

Diese Rundtour verspricht abwechslungsreiche Natur- und Kulturerlebnisse. Das Sternberger Seenland ist ein Mosaik aus Seen und Teichen, Wiesen und Feldern, Wäldern und Alleen sowie sanften Hügeln. Die Sternberger Altstadt, das Freiluftmuseum Groß Raden und kleine Sehenswürdigkeiten erwarten Sie am Wegesrand.

Startpunkt Sternberg Vom Parkplatz am Ortsrand schwenken Sie das Rad zunächst Richtung Zentrum. An der Ampel biegen Sie links ab und folgen den Radtafeln T 30 durch die Altstadt von Sternberg. Die Route führt Sie direkt durch den historischen Kern um den Alten Markt, der von historischen Giebelhäusern gesäumt wird. Sehenswert sind hier das 1845 im neogotischen Stil erbaute Rathaus und die frühgotische Stadtkirche Sankt Maria und Sankt Nikolaus. Ihr Vorgänger fiel einem Brand zum Opfer, weshalb der Neubau der Kirche 1309 vom mecklenburgi-

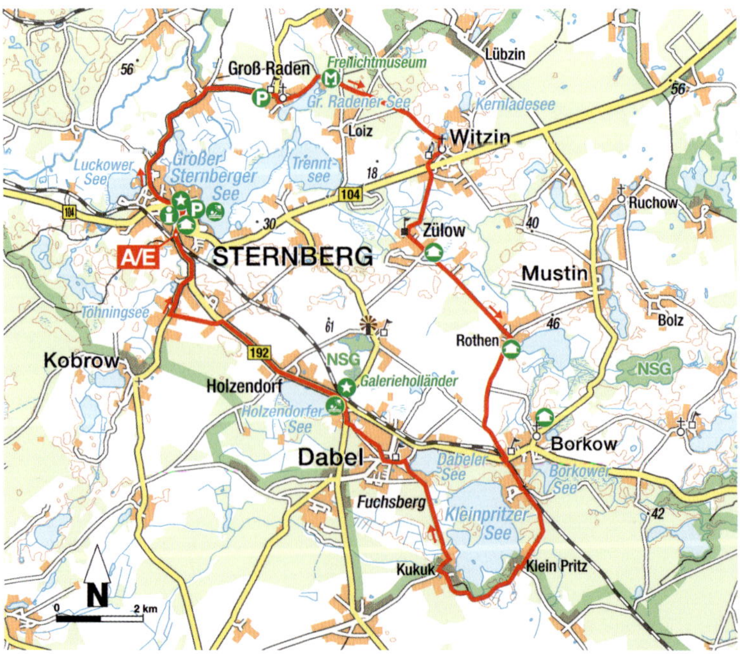

Rechte Seite: Sternberger Impressionen: historische Stadtmauer (oben), gute Einkehrmöglichkeit am Marktplatz (Mitte) und der Marktplatz mit Rathaus, altem Postamt und Dorfkirche (unten)

schen Fürsten Heinrich II. in Auftrag gegeben wurde. Der 55 Meter hohe Turm kann bestiegen werden. Von dort oben eröffnet sich ein grandioser Blick auf die Stadt, den See und die Umgebung. In der schachbrettartig angelegten Altstadt sind auch noch das gotische Mühlentor und Reste der Stadtbefestigung interessant. Das Heimatmuseum im ältesten Gebäude der Stadt neben der Stadtkirche ist wegen umfangreicher Sanierungsarbeiten derzeit geschlossen.

Zum Groß Radener See Den Radwegweisern T 30 folgend, gelangen Sie von der Sternberger Altstadt zur Durchfahrtsstraße, wo Sie quer rechts den Radweg Richtung Groß Raden nehmen. Der separate Radweg führt mal rechts, mal links entlang der Straße und im Uferbereich des Luckower Sees und Sternberger Sees. Zwischen Feldern und Wiesen hindurch erreichen Sie Groß Raden und den gleichnamigen See. Sie biegen am Ortsrand rechts ab und durchqueren das Dorf, das direkt am Ufer des Groß Radener Sees liegt. Nette Seerestaurants laden bereits zu einem ersten Zwischenstopp ein. Am Ostrand des Orts, direkt am Radweg, befindet sich das Freilichtmuseum Groß Raden, das Sie unbedingt besuchen sollten. Mitte der 1970er-Jahre wur-

Unten: Dorfkirche von Witzin

Ganz unten: Bewaldeter Abschnitt auf der Radtour

de hier auf einer Halbinsel im See eine slawische Siedlung aus dem 9. Jahrhundert entdeckt, freigelegt und rekonstruiert. Der Nachbau kann sich sehen lassen: Flechtwerkhäuser, ein Tempel, Bastionen, Palisaden und ein Burgwall mit Tor sind nur einige der rekonstruierten Bauten. In einer Dauerausstellung werden mit Fundstücken der Alltag und die Kultur westslawischer Stämme beleuchtet. Vom Freilichtmuseum geht der Radweg durch einen Wald weiter Richtung Witzin.

Stille Orte und ruhige Seen Witzin, ein ehemaliges Kirchdorf aus der Mitte des 13. Jahrhunderts, liegt idyllisch eingebettet zwischen dem kleinen Mühlensee und dem Kemladesee. Im Dorf halten Sie sich an der sehenswerten Dorfkirche zunächst rechts. Sie radeln danach an der historischen Dorfschule vorbei und weiter am Ortsrand entlang zur Bundesstraße, die Sie geradeaus überqueren. Gleich danach schwenken Sie nach rechts und fahren durch den Wald weiter nach Zülow. Das winzige Gutsdorf begrüßt Sie nach einer hübschen Holzbrücke über die Mildenitz mit dem eleganten Gutshaus, in dem heute ein Hotel betrieben wird. Mit einer Rechtskurve und gleich wieder links am Wasser entlang, verlassen Sie Zülow und setzen die Tour fort. Auf einer schönen Allee geht es nun weiter nach Rothen am gleichnamigen See. Das Dorf hat sich in den letzten zwei Jahrzehnten zu einem Ort für Kunst und Kultur entwickelt, in dem Künstler ihre Werke aus Glas, Holz und Metall kreieren.

Holländerwindmühle in Gägelow

Der Radweg stößt auf den Rothener Gutshof, der mit dem urigen Café Zur Rothen Kelle mit Garten zu einer Pause einlädt.

Kleinpritzer See Nach der eventuellen Pause im Gutshof geht es erneut auf einer schönen Allee weiter Richtung Borkow. Sie lassen das weniger interessante Borkow aber links liegen und radeln rechts, dann links weiter nach Klein Pritz. Schon bald überqueren Sie den Schlower Bach, wo Sie einen schönen Blick auf die alte Eisenbahnbrücke haben. Die Bahnstrecke wurde stillgelegt, die Gleise werden heute nur noch für Fahrraddraisinen genutzt. Nach wenigen Kilometern durch dichten Wald radeln Sie nach Klein Pritz hinein, wo das Seeufer mit Häusern und Ferienbungalows bebaut ist. Die Sicht auf den See wird dadurch sehr eingeschränkt. Nach dem Dorf folgt aber eine landschaftlich schöne Strecke mit herrlichem Blick auf die leicht hügelige Gegend und auf den Kleinpritzersee. Und von den Rastbänkchen am Wegrand können Sie die Seesicht in aller Ruhe genießen.

Kukuk ist der nächste Ort am Kleinpritzersee. Hier verabschieden Sie sich von der Radtour T30 und biegen nach rechts Richtung Dabel ab.

Ganz oben: Über die Mildenitz bei Zülow

Oben: Café Auszeit in Sternberg

Im leichten Auf und Ab zurück Durch Wald und mit sanften Steigungen über den 53 Meter hohen Fuchsberg gelangen Sie nach Dabel. Der Ort liegt am idyllischen Dabeler See, dessen blaugrüne Farbe zwischen den Häusern schimmert. Im Ort folgen Sie links dem Wegweiser nach Sternberg, vorbei am Land-

haus Blauer Bock. Kurz nach der Dorfkirche biegen Sie nach rechts auf die Lindenstraße ein. Sie radeln nun durch einen Wald, bis Sie auf die Landstraße stoßen. Hier geht die Tour nach rechts auf dem separaten Radweg zum Holzendorfer See mit einer beliebten Badestelle weiter. Blickfang in Seenähe ist allerdings die Holländermühle auf der anderen Straßenseite.

Beim Holzendorfer See geht es nach links auf dem separaten Radweg entlang der Bundesstraße weiter. Sie radeln zunächst parallel am See Richtung Sternberg. Nach wenigen Kilometern folgen Sie dem Radwegweiser nach links auf die Nebenstraße nach Kobrow-Sternberg. Am Ende der Straße geht es nach rechts am Tönnissee vorbei zurück nach Sternberg. Die Stadt und der Ausgangspunkt sind bald erreicht. Es empfiehlt sich aber noch, der Durchfahrtsstraße weiter zu folgen und nach rechts auf die Seepromenade einzubiegen, die zum Sternberger See führt. Ein Sprung ins kühle Wasser beim schönen Badestrand und ein Fischbrötchen bei der Seefischerei Sternberg sind wohl der optimale Abschluss dieser Radrunde durchs Sternberger Seenland.

Frischer Fisch

In der Seefischerei Sternberg, Seestraße 13, gibt es immer frisch zubereitete Fische und wahrscheinlich die besten Fischbrötchen der Stadt, die man auf einer kleinen Terrasse am Wasser verzehren kann; täglich außer an Sonn- und Feiertagen geöffnet.

Strandbad mit Liegewiese in Sternberg

29 Am Großen Wariner See und Neuklostersee

Radvergnügen und Badespaß

Leicht | 20 km | 2:00 Std.

Tourencharakter
Rundtour auf Kies- und Forstwegen sowie asphaltierten Nebenstraßen und Radwegen

Ausgangs-/Endpunkt
Parkplatz Am Strand, Warin

GPS-Daten
53.805806, 11.705694

Anfahrt
Auto: Auf der A14, Ausfahrt Jesendorf, und dann auf der L101 und der B192
Bahn: Mit der Regionalbahn (RB) u.a ab Rostock. Der Bahnhof befindet sind in Blankenberg, ca. 4 km von Warin entfernt.

Karte
Klemmer Verlag, Rund um den Schweriner See, 1:50000, Blatt 181

Kombinierbar mit
Tour 30

Einkehr
Warin: Eiscafé Lubitz; Café Drandenburg, www.facebook.com/cafe.brandenburg
Neukloster: Seerestaurant Schöne Aussicht, schoene-aussicht-neukloster.eatbu.com; Bistro Central mit kleinem Biergarten, www.bistro-central-neukloster.de
Nakenstorf: Restaurant Allesisstgut im Seehotel, www.facebook.com/seehotelam-neuklostersee

Das Wariner und Neuklosteraner Seengebiet ist weniger bekannt. Wer Ruhe und Natur sucht, der ist hier aber genau richtig. Die Radrunde führt vom Großen Wariner See durch Waldgebiet zum Neuklostersee und zurück. Sehenswerter Höhepunkt unterwegs ist das Klosterensemble in Neukloster.

Großer Wariner See Die Tour beginnt am Strandbad, der einzigen Badestelle am Großen Wariner See. Denn der See im Nordwesten des Naturparks Sternberger Seenland ist weitgehend von einem Schilfgürtel gesäumt. Seine weite Uferlandschaft wird von Feldern und Wäldern geprägt. Außer dem idyllischen Badesee zieht auch die schöne Lindenallee die Aufmerksamkeit auf sich. Sie gilt als die kleinste Allee Deutschlands. Die Radroute führt

Markante Holzbrücke in Neumühle

vom Parkplatz am Strandbad rechts durch die Straße Am Strand Richtung Warin. Sie halten sich dann nach rechts, gleich links und biegen nochmals links auf den Neukloster Weg ein. Sie folgen jetzt der regionalen Radroute 6 und schwenken das Rad an der Gabelung nach links. Die nächsten Kilometer führen auf einem Waldweg quer durch Agrarland und später durch unberührte Natur im Uferbereich des Neuklostersees. Am Ende biegen Sie nach links auf die Landstraße nach Neukloster ab. Hier, am Nordzipfel des Neuklostersees, bietet sich die Möglichkeit zu einer erfrischenden Pause am Badestrand oder zum Einkehren im Restaurant Schöner Blick. Strand und Restaurant liegen direkt an der Radroute.

Strandbad in Neukloster

Unterwegs im Wald bei Neukloster

Neukloster Kurz nach dem Badestrand fängt ein separater Radweg neben der Landstraße an. Sie durchqueren Neukloster geradeaus, radeln am Alten Rathaus vorbei und verlassen den Ort vor der Tankstelle nach links auf der Nebenstraße Richtung Nakenstorf. Sie sollten sich aber erst etwas Zeit nehmen, um das historische Klosterensemble zu besichtigen, das im Herzen von Neukloster liegt. Blickfang des ehemaligen Nonnenklosters ist die backsteinerne Klosterkirche Sonnenkamp von 1219. Die romanische

Klosterkirche Sonnenkamp in Neukloster

Kirche gilt als eine der ältesten Gebäude Mecklenburgs. Der Kirchenraum mit historischer Decke, Marienaltar und bunten Glasfenstern ist jedenfalls einen Blick wert. Bemerkenswert ist außerdem die um 1400 errichtete Propstei mit dem angrenzenden alten Klostergarten. Alles über die Geschichte des Klosters und den Ort erfahren Sie übrigens im Museum Neukloster, das im schönen Fachwerkgebäude gegenüber dem Klosterkomplex in einem ehemaligen Wirtschaftshof untergebracht ist.

Zurück nach Warin Die Strecke von Neukloster nach Nakenstorf führt am Westufer des Neuklostersees entlang. Das Ufer ist anfangs von Wochenend- und Ferienhäusern gesäumt. Hin und wieder haben Sie zwischen den Grundstücken freien Blick auf das glitzernde Wasser. Ein wunderschöner Blick bietet sich vom Restaurant Allesisstgut im traditionellen Seehotel. Einen knappen Kilometer nach dem Hotel tauchen Sie in einen ausgestreckten Wald ein. Sie radeln geradeaus bis zur T-Kreuzung, wo Sie links auf dem Waldweg nach Neumühle einbiegen.

Der Weiher Neumühle liegt am schmalen Teppnitzbach mit einer Fischtreppe und ist bei Anglern aus der Gegend beliebt. Hinter Neumühle geht es nach rechts durch den Wald auf dem gleichen Weg zurück und Warin ist nach rund fünf Kilometern wieder erreicht. Auf etwa halber Strecke können Sie eventuell noch einen

Einkehr

Eine der schönsten Einkehrmöglichkeiten auf dieser Route ist das Restaurant Allesisstgut im Seehotel von Nakenstorf. Neben typischen Gerichten aus der Region, die je nach Saison variieren, werden auch selbst gemachte Kuchen angeboten.

kurzen Abstecher zum Großsteingrab bei Pennewitt machen. Der Weg dorthin ist ausgeschildert und wenn Sie nicht zurück zur Route radeln möchten, dann gelangen Sie von Pennewitt über eine Nebenstraße zwischen weiten Feldern hindurch zurück zum Ausgangspunkt. Oder Sie radeln am Stadtrand einfach geradeaus nach Warin hinein. Interessant in dem 1178 erstmals urkundlich erwähnten Kleinstädtchen sind die neugotische Stiftskirche, die zwischen 1874 und 1878 errichtet wurde, und das Predigerwitwenhaus von 1733, das älteste Gebäude Warins. Im Süden der Stadt breitet sich der knapp einen Quadratkilometer große Glammsee aus, der als Naherholungsgebiet, Bade- und Anglersee von der regionalen Bevölkerung genutzt wird. Mehr Informationen über die Stadt gibt es in der Touristeninformation am Markt, die gleichzeitig auch als Informationsstelle für den Naturpark Sternberger Seenland dient.

Abgelegen und ruhig: der Weiler Neumühle

30

Durch das Sternberger Seenland

Entdeckungen im Naturpark

Leicht | 24 km | 2:00 Std.

Tourencharakter
Rundtour auf asphaltierten Nebenstraßen und Radwegen entlang der Straße

Ausgangs-/Endpunkt
Parkplatz Am Strand, Warin

GPS-Daten
53.805806, 11.705694

Anfahrt
Auto: Auf der A 14, Ausfahrt Jesendorf, und dann auf der L 101 und der B 192
Bahn: Mit der Regionalbahn (RB) u. a ab Rostock. Der Bahnhof befindet sind in Blankenberg, ca. 4 km von Warin entfernt.

Karte
Klemmer Verlag, Rund um den Schweriner See, 1:50 000, Blatt 181

Kombinierbar mit
Tour 29

Einkehr
Warin: Eiscafé Lubitz; Café Brandenburg, www.facebook.com/cafe.brandenburg
Brüel: Mecklenburger Hof, www.mecklenburger-hof.de

Rechte Seite: Bootsanleger in Klein Labenz

Im Nordwesten des Sternberger Seenlands erstreckt sich der gleichnamige Naturpark, geprägt von dichten Wäldern und klaren Seen. Diese Radrunde führt Sie auf Entdeckungstour durch einen Teil des Naturparks südlich von Warin, entlang weniger bekannter Gewässer, durch stille Ecken und fast unberührte Natur.

Startpunkt Warin Das beschauliche Städtchen Warin am Südufer des Großen Wariner Sees ist Ausgangspunkt dieser Radrunde durch den Naturpark. Das historische Ortszentrum ist kompakt und gruppiert sich um die ehemalige Stiftskirche. Ein paar Schritte südlich der Kirche in der Straße Am Markt finden Sie die Touristeninformation und das Naturparkzentrum. Sie starten die Tour allerdings am schönen Wariner Strandbad, radeln durch die Straße Am Strand Richtung Zentrum, halten sich dann

Kurze Radelpause am Großen Labenzer See

rechts, danach gleich links und folgen schließlich nach rechts dem Wegweiser Klein Labenz. Die Radtour führt jetzt auf einer Nebenstraße durch Agrarland, entlang eines Walds und eines Karpfenteichs.

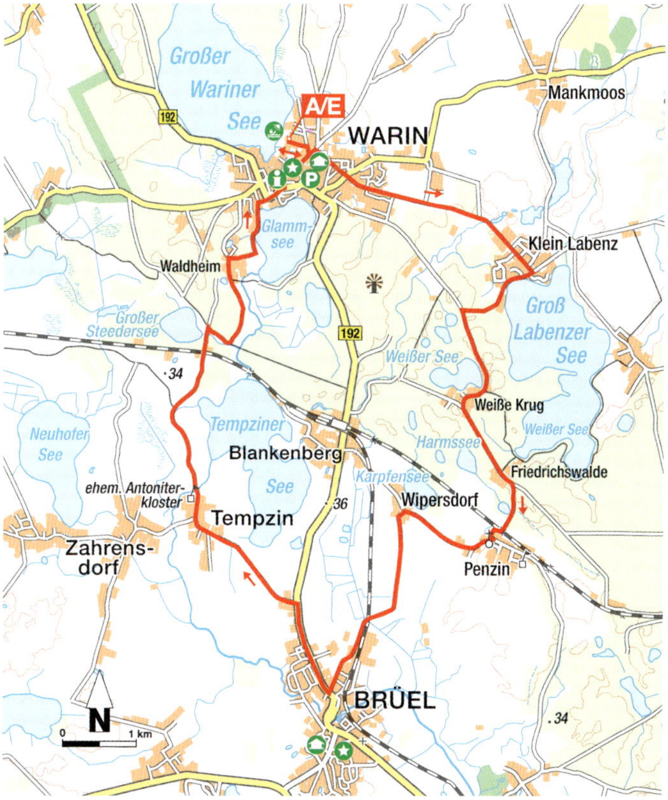

Unberührte Natur In Klein Labenz biegen Sie nach rechts auf die nette Seepromenade am stillen Ufer des Schwarzen Sees mit einer bezaubernden, ruhigen Badestelle ein. Der Weg taucht dann in den Wald ein und führt an der T-Kreuzung links weiter nach Weiße Krug. Sie durchqueren diesen idyllischen Ort am kleinen Weißen See und setzen die Tour durch unberührte Natur über Friedrichswalde nach Penzin fort. In Penzin stoßen Sie direkt auf einen willkom-

menen gemütlichen Rastplatz unterhalb der einschiffigen Dorfkirche aus dem 14. Jahrhundert. Treppen führen zum weiß getünchten barocken Gotteshaus hoch, das sich zwischen Bäumen auf einer Anhöhe versteckt. Beim Rastplatz biegen Sie nach rechts ab Richtung Brüel und passieren unterwegs Wipersdorf an einem großen Karpfensee, wo Sie links nach Brüel abbiegen. Die nächsten Kilometer verlaufen über einen fast schnurgeraden Weg durch leicht hügelige Landschaft mit schönen Fernsichten. Kurz vor Brüel überqueren Sie die Gleise und den schmalen Radebach.

Naturbelassen: der Radebach

Unten links: Fachwerkhaus in Brüel

Unten rechts: Backsteinerne Brüeler Dorfkirche

Abstecher ins Zentrum von Brüel In Brüel stoßen Sie direkt auf die Wariner Straße. Hier geht es rechts nach Tempzin, nach links ins Zentrum, einen lang gezogenen Kern mit einer beidseitig farbenprächtigen Häuserzeile. Immer geradeaus radelnd, erreichen Sie das alte Rathaus und die denkmalgeschützte evangelisch-lutherische Stadtkirche aus Backstein. Schräg gegenüber dem Rathaus befindet sich der traditionsreiche Mecklenburger Hof, dessen Restaurant sich zum Einkehren anbietet.

Nach dem Besuch des Brüeler Zentrums radeln Sie auf dem gleichen Weg aus der Stadt hinaus. Sie folgen dabei kurz der stark befahrenen Wariner Straße (Bundesstraße 192) Richtung

Gemütlicher Rastplatz in Penzin am Fuße der Dorfkirche

Warin. Bereits nach wenigen Minuten nach dem Ortsrand verlassen Sie die Straße aber schon wieder und es geht links weiter zum nächsten Ziel dieser Route, Tempzin, das auf einer ruhigen Nebenstraße schon bald erreicht ist.

An den Seen zurück Das Dorfbild von Tempzin wird deutlich von der Klosteranlage des 1095 gegründeten Hospitalordens der Antoniter geprägt. 1222 wurde in Tempzin der Grundstein für diese zunächst als Präzeptorei und Hospital gegründete Anlage gelegt. Sie bestand ursprünglich aus einer Kirche, dem Gutspächterhaus und einem Hospital, von denen heute noch einige Teile erhalten sind.
Ab Tempzin folgen Sie dem ausgeschilderten regionalen Radweg 31. Er führt durch das Dorf zum Mühlenbach mit kleiner Stromschnelle und verläuft dann durch Felder und Wälder in Ufernähe des Tempziner Sees und des Großen Steeder Sees nach Waldheim am Glammsee. Hier biegen Sie rechts auf den Uferweg ein und fahren am Glammsee entlang, der mit seinen Bootshäuschen einen bestimmten Charme ausstrahlt. Der Glammsee grenzt an Warin und zum Ortszentrum bzw. zum Ausgangspunkt ist es nicht mehr weit. Beim Eiscafé Lubitz radeln Sie links auf die Stiftskirche zu, wo Sie nochmals links durch die Schulstraße schließlich wieder zum Ausgangspunkt zurückgelangen. Zum Abschluss können Sie sich am Ufer des Großen Wariner Sees entspannen oder im Strandbad einen Sprung ins kühle Nass wagen.

Mehrtagestour

Übernachten in Warin oder Umgebung, um die Touren 29 und 30 zu kombinieren? Dann sind der Rothener Gutshof in Rothen, das Seehotel in Nakensdorf oder der Mecklenburger Hof in Brüel eine gute Adresse.

Für jeden Tag die richtige Tour

1	●	Am Ostufer der Müritz	29 km	2:30 Std.	●	●	●		●	●	●
2	●	Am Westufer der Müritz	31 km	3:00 Std.	●	●	●	●		●	●
3	●	Am Südufer der Müritz	20 km	2:00 Std.	●	●	●	●		●	●
4	●	Vier-Seen-Runde	24 km	2:00 Std.	●	●	●		●	●	●
5	●	An Moorseen	22 km	2:00 Std.	●	●	●		●	●	●
6	●	Um den Müritzarm	26 km	2:30 Std.	●		●	●		●	●
7	●	Fünf-Seen-Route bei Röbel	27 km	3:00 Std.	●		●	●		●	●
8	●	Am Kölpinsee und Fleesensee	26 km	2:30 Std.	●		●	●		●	●
9	●	Um den Jabelscher See	29 km	2:30 Std.	●		●		●	●	●
10	●	Am Südufer des Plauer Sees	31 km	3:00 Std.	●		●		●	●	●
11	●	Am Nordufer des Plauer Sees	27 km	2:30 Std.	●		●		●	●	●
12	●	Um die Seenkette bei Mirow	41 km	3:30 Std.	●		●	●		●	●
13	●	Zum Großen Labussee	26 km	2:00 Std.	●		●	●		●	●
14	●	Mirower Seenroute	25 km	2:00 Std.	●	●	●		●	●	●
15	●	Zum Plätlinsee	31 km	3:00 Std.	●		●	●		●	●
16	●	Ins Havelquellgebiet	44 km	3:30 Std.	●		●	●		●	●
17	●	Um die Havelquellseen	22 km	2:00 Std.	●	●	●	●		●	●

Nr.		Tour	Länge	Fahrzeit	Einkehr	kindergeeignet	Sehenswürdigkeit	viel Sonne	schattiger Weg	Baden	ÖPNV
18	●	Um den Zotzensee	26 km	2:00 Std.	●	●	●		●	●	●
19	●	Um Tollensesee und Lieps	37 km	3:30 Std.	●		●	●		●	●
20	●	Zum Tiefwarensee und Torgelower See	30 km	3:00 Std.	●		●	●		●	●
21	●	Um den Drewitzer See	27 km	2:30 Std.	●	●	●		●	●	
22	●	Am Goldberger und Dobbertiner See	28 km	2:30 Std.	●		●			●	
23	●	Um den Krakower See	28 km	2:30 Std.	●		●	●		●	●
24	●	Um den Malchiner See	28 km	2:30 Std.	●		●	●		●	●
25	●	Um den Schweriner Innensee	33 km	3:00 Std.	●	●	●	●		●	●
26	●	Um den Schweriner Außensee	39 km	3:30 Std.	●		●	●		●	●
27	●	Vom Schweriner See zum Störkanal	39 km	3:30 Std.	●		●	●		●	●
28	●	An zehn Seen um Sternberg	37 km	3:00 Std.	●		●	●		●	●
29	●	Am Großen Wariner See und Neuklostersee	20 km	2:00 Std.	●	●	●		●	●	●
30	●	Durch das Sternberger Seenland	24 km	2:00 Std.	●		●	●		●	●

Piktogramme erleichtern den Überblick

Länge

Fahrzeit

Einkehr

kindergeeignet

Sehenswürdigkeit

viel Sonne

schattiger Weg

Baden

ÖPNV

Nachschlag

Bereits einen See umrundet, mehrere Etappen geradelt oder doch noch am Vorbereiten?

Im Land der 1000 Seen gibt es schier unbegrenzte Möglichkeiten für eine kurze Radtour ebenso wie für eine Mehrtagestour. Das vorliegende Buch wird Ihnen sicher dabei helfen, eine interessante Region mit abwechslungsreichen Radtouren zu finden. Wir hoffen jedenfalls, dass Ihnen die von uns zusammengestellten Routen ebenso viel Spaß und Freude machen werden wie uns. Und dass Sie inmitten der Mecklenburgischen Seenplatte viel Interessantes gemütlich vom Sattel aus entdecken werden, egal, ob Sie nun für ein paar Tage oder für mehrere Wochen unterwegs sein werden.

Linda O'Bryan
Hans Zaglitsch

An dieser Stelle möchten wir uns bei allen Touristeninformationen, Gastronomiebetrieben, Nationalparkbüros, Museen, Ortsansässigen, privaten Institutionen und Einrichtungen für die wertvollen Tipps recht herzlich bedanken. Denn ohne sie wäre dieses Buch nicht zustande gekommen. Und schon vorab ein herzliches Dankeschön an alle Radler und Radlerinnen, die uns in Zukunft mit Tipps und aktuellen Informationen zu den einzelnen Radrouten informieren werden, damit das Buch stets auf dem neuesten Stand sein wird.

Viel Spass beim Radeln und Entdecken der Mecklenburger Seeplatte!

Linda O'Bryan
Hans Zaglitsch

Register

A
Agroneum 63, 111
Ahrensberg 81
Alt Rehse 100
Alt Schwerin 61, 108
Alt Schwinz 113
Ankershagen 91

B
Babke 71, 84, 95
Banzkow 138
Basedow 121
Belvedere 100
Binnenmüritz 28, 45
Blankenförde 71, 84
Boek 19, 34
Boeker Mühle 68
Bolter Schleuse 68
Bristow 123
Broda 100
Brüel 152
Buchholz 38
Buchsee 80
Bülow 122
Burg Ankershagen 91

C
Crivitz 137

D
Dabeler See 144
Dahmen 121
Dambecker See 90
DDR-Museum 55
Diestelow 114
Diestelower See 114
Dobbertin 112
Dobbertiner See 113
Dreiersee 110
Drewensee 81
Drewitzer See 108, 109

F
Federow 30
Feisnecksee 29
Finowsee 81
Fleesensee 47
Fleether Mühle 75
Flessenow 135
Freilichtmuseum
Agroneum 63, 111

G
Glammsee 149, 153
Gobenowsee 79
Goldberg 114
Goldberger See 113
Görslow 128
Granzin 84, 93
Granziner See 95
Granzow 67
Granzower Möschen 67, 70
Große Müritz 25, 28
Großer Kotzower See 67, 70
Großer Kreßinsee 42
Großer Labussee 72, 84
Großer Medower See 114
Großer Steeder See 153
Großer Wariner See 146, 150
Großer Weißer See 72
Groß Gievitz 106
Großkeller See 41
Groß Radener See 141
Gutshof Woldzegarten 42

H
Hausbrücke Ahrensberg 80
Haussee 122
Havel-Radweg 80, 84, 90, 92
Heidenholz 61
Heinrich-Schliemann-
Museum 91
Hermannskanal 35
Hofsee 34
Holzendorfer See 145

J
Jabel 53
Jabelsche See 52

K
Käbelicksee 92
Käflingsberg 33
Karower Meiler 62
Kleine Müritz 27, 36
Kleiner Kotzower See 67, 70
Kleiner Labussee 72
Klein Nemerow 99
Kleinpritzer See 144
Klenzsee 79
Klink 21, 45
Kloster Dobbertin 112
Kölpinsee 46
Krakow am See 116
Krakower See 116
Kratzeburg 85, 92
Kratzeburger
Flatterhus 89

L
Landschaftsschutzgebiet
Müritz-Seenpark 75
Lenzer Kanal 56
Leppinsee 67, 71, 94
Lieps 100
Lübstorf 133
Ludorf 25

M
Malchiner See 120
Malchow 47, 50, 54
Malchower See 52
Mecklenburgischer
Seenradweg 72
Militzsee 138
Minzow 43
Minzower See 43
Mirow 66, 76
Mirower Adlersee 76
Mirower Kanal 39
Mirower See 67
Mössel 67, 71
MTS-Station 37
Mueß 128
Mühlensee 90
Müritz 14, 20, 24
Müritzeum 20, 28
Müritzhof 30
Müritz-Nationalpark 14, 16,
29, 32, 66, 71,
82, 88, 92
Müritz-Radrundweg 18, 20,
24, 27, 30, 36,
45, 53, 68

N
Naturpark Mecklenburgische Schweiz und Kummerower See 122
Naturpark Nossentiner-Schwinzer Heide 53, 108, 113
Naturschutzgebiet Döpe 135
Naturschutzgebiet Drewitzer See, Lübowsee und Dreiersee 109
Naturschutzgebiet Görslower Ufer 128
Naturschutzgebiet Plätlinsee 78
Nebelsee 38
Nebeltal 117
Neubrandenburg 96
Neu Gaarz 37
Neukloster 147
Neuklostersee 148
Neustrelitz 86

O
Oberbek 75

P
Pagelsee 95
Petersdorfer See 56
Pfaffenteich 131
Pieverstorf 88
Pinnower See 137
Plätlinsee 78
Plau am See 40, 57, 60
Plauer See 56, 60
Priborn 39
Priesterbäker See 33
Prillwitz 100

Q
Quetzin 61

R
Raben Steinfeld 128, 136
Rampe 135
Rechlin 27, 36
Rechliner Mauer 69
Röbel an der Müritz 23, 24, 40

S
Schelfstadt 131
Schloss Basedow 120
Schloss Fleesensee 47
Schloss Klink 22, 46
Schloss Mirow 66, 77
Schloss Schorssow 122
Schloss Schwerin 126
Schloss Speck 34
Schloss Torgelow 105
Schloss Wiligrad 132
Schorssow 122
Schulzensee 74
Schwarz 76
Schwarzer See 76, 151
Schwedenschanze 134
Schwerin 126
Schweriner Außensee 132
Schweriner Innensee 126
Schweriner See 136
Seewalde 79
Serrahner See 118
Settiner See 138
Sietow 22
Speck 33
Specker See 34
Sternberg 140
Störkanal 138
Strasen 80
Suckow 57
Sukow 138

T
Tempzin 152
Tempziner See 153
Tiefwarensee 104
Tiefwarensee-Radweg 104
Tollensesee 96
Tollensesee-Radrundweg 96
Torgelow am See 105
Torgelower See 104
Treptower Tor 101
Trünnensee 80
Turmhügelburg 113

U
Useriner Mühle 72, 83
Useriner See 72, 83

V
Vilzsee 75
Vipperow 27, 39

W
Waren 14, 20, 28, 45, 53, 107
Warin 148, 150
Warnker See 29
Warnow 137
Wassermühle Schloen 107
Wesenberg 72, 78
Wickendorf 127
Witzin 142
Woblitzsee 72
Woldzegarten 42
Woosten 113
Woterfitzsee 67, 94
Wustrow 100

Z
Zethner See 76
Ziddorf 122
Ziegelaußensee 127
Ziegelinnensee 126
Zierker See 82
Zippelow 100
Zippendorf 129
Zislow 57
Zotzensee 92, 95
Zülow 142
Zwenzow 72, 84

Ebenfalls erhältlich ...

ISBN 978-3-7343-1858-0

Das eigene Land mit dem Fahrrad entdecken: 15.000 Radwegkilometer in einem Buch – mit allen wichtigen Infos, Karten, Höhenprofilen sowie GPS-Tracks.

BRUCKMANN

www.bruckmann.de

Impressum

Verantwortlich: Dr. Johannes Abdullahi
Redaktion, Lektorat und Satz: mcp concept GmbH
Layout: Eva-Maria Klaffenböck
Repro: LUDWIG:media
Kartografie: Bruckmann Verlag GmbH, Heidi Schmalfuß
Umschlaggestaltung: Rudi Stix
Herstellung: Alexander Knoll
Printed in Poland by CGS Printing

★★★★★

Sind Sie mit diesem Titel zufrieden? Dann würden wir uns über Ihre Weiterempfehlung freuen. Erzählen Sie es im Freundeskreis, berichten Sie Ihrem Buchhändler, oder bewerten Sie bei Onlinekauf. Und wenn Sie Kritik, Korrekturen, Aktualisierungen haben, freuen wir uns über Ihre Nachricht an den Bruckmann Verlag, Postfach 40 02 09, D-80702 München oder per E-Mail an lektorat@verlagshaus.de.

Unser komplettes Programm finden Sie unter www.bruckmann.de

Alle Angaben dieses Werks wurden von den Autoren sorgfältig recherchiert und auf den neuesten Stand gebracht sowie vom Verlag geprüft. Für die Richtigkeit der Angaben kann jedoch keine Haftung übernommen werden, weshalb die Nutzung auf eigene Gefahr erfolgt. Insbesondere bei GPS-Daten können Abweichungen nicht ausgeschlossen werden. Sollte dieses Werk Links auf Webseiten Dritter enthalten, so machen wir uns die Inhalte nicht zu eigen und übernehmen für die Inhalte keine Haftung.

In diesem Buch wird aus Gründen der besseren Lesbarkeit das generische Maskulinum verwendet. Weibliche und anderweitige Geschlechteridentitäten werden dabei ausdrücklich mitgemeint, soweit es für die Aussage erforderlich ist.

Bildnachweis
Alle Bilder stammen von Hans Zaglitsch, www.hans-zaglitsch.com
Umschlagvorderseite: Am Schweriner See (Tour 25)
Umschlagrückseite: Radweg durch den Nationalpark Müritz (Tour 1)

Die Deutsche Nationalbibliothek verzeichnet diese Publikation in der Deutschen Nationalbibliografie; detaillierte bibliografische Daten sind im Internet über http://dnb.d-nb.de abrufbar.

2. aktualisierte Neuauflage
© 2024, 2021 Bruckmann Verlag GmbH, Infanteriestraße 11a, 80797 München
ISBN 978-3-7343-1850-4